via reise

Christin Drühl • Robert Tremmel

Wismar

& Nordwestmecklenburg

Boltenhagen • Insel Poel • Schwerin

via Tipp Lieblingsorte unserer Autorin
★ Highlights
Grüne Tipps
Familientipps

Preissymbole (Erläuterung ▸ Seite 39)

	Hotels (DZ)
€	bis 75 Euro
€€	bis 120 Euro
€€€	über 120 Euro

Land & Leute

Reisepraktisches

Orte & Landschaften

Entdeckertouren

Willkommen in Nordwestmecklenburg

Sandstrände, Steilküste, Seebäder, ehemalige Fischerdörfer und die altehrwürdige Hafenstadt Wismar: Die Ostseeküste in Nordwestmecklenburg hat viel zu bieten. Auch das Hinterland hat es in sich: sanft hügelige Felder und Wiesen, kleine Wäldchen, hübsche Kleinstädte, schön restaurierte Gutshäuser und die strahlende Landeshauptstadt Schwerin.

Zahlreiche Highlights

Das Schweriner Schloss und die roten Backsteine Wismars machen die Städte weit über die Landesgrenzen hinaus bekannt. Der Klützer Winkel hingegen mit seiner schroffen Steilküste und verträumten Gutshäusern ist noch ein Geheimtipp. Jahrzehntelang lag dieser Landstrich im Dornröschenschlaf, bevor die Wiedervereinigung im Jahr 1990 das teils ehemalige Sperrgebiet in eine Wander- und Radellandschaft verwandelte. Die kilometerlangen Sandstrände der Insel Poel, die seichte Bucht der Wohlenberger Wiek und das lebhafte Ostseeheilbad Boltenhagen bieten im Sommer besten Badespaß. Im Winter eignet sich die Küste für endlose Strandspaziergänge.

Wismar

In Wismar erreichte die norddeutsche Backsteingotik ihre Blüte. Imposante Kirchenschiffe symbolisieren die Macht der einst stolzen Hanse. Die Innenstadt glänzt mit mittelalterlichen Giebelhäusern und einer herrlichen Hafenpromenade.

Das Gewölbe über der Frischen Grube gehört zu den schönsten Häusern in Wismar

Boltenhagen

Seebadatmosphäre kommt in Boltenhagen auf. Eine 290 Meter lange Brücke führt über die Wellen der Ostsee. Strandkörbe stehen bunt verstreut im puderweichen Sand. Den Flaneuren gehört die Promenade mit Bäderarchitektur und mondänen Hotels. Wellnessangebote und gute Restaurants versprechen Erholung.

Insel Poel

Wer weitab von Tourismusschwärmen baden möchte, wird sich auf der Insel Poel noch wohler fühlen. Kleine Ansiedlungen liegen verstreut auf der Insel, Radwege führen kreuz und quer über Felder.

Klützer Winkel

Im Hinterland Mecklenburgs geht es beschaulich zu. Zwischen den Hügelkuppen verstecken sich einsame Gutshöfe und herrschaftliche Schlösser. Der einstige Familiensitz der von Bothmers bei Klütz ist die größte Barockschlossanlage im Bundesland und die Festonallee mit ihren gebogenen Lindenbäumen einmalig. Im Schloss Groß Schwansee übernachtet man fürstlich. Schloss Kalkhorst wiederum besitzt ein erstaunliches Arboretum mit Mammutbaum und Atlaszeder. Vielerorts lockt das Landleben mit regionalen Köstlichkeiten in den Hofläden. Etliche Restaurants kochen nach Bionorm oder experimentieren mit einer kreativen Küche.

Schwerin

In der Residenzstadt Schwerin bauten die Mecklenburgischen Herzöge im Schweriner See ihr Märchenschloss, das wegen seiner vielen Türmchen und goldenen Kuppeln auch „Neuschwanstein des Nordens" genannt wird. Das nahe Stadtzentrum präsentiert sich geschäftig mit stolzen Gründerzeitbauten, imposanten Baudenkmälern, aber auch kleinen Gassen mit Fachwerkhäusern und einladenden Cafés.

Boltenhagen bietet feinen, weißen Sandstrand mit Blick auf die Steilküste

Im Alten Hafen in Wismar liegen vor den historischen Speicherhäusern Segel- und Ausflugsschiffe vor Anker ▸ Seite 57

Land & Leute

Nordwestmecklenburg heute

Der Küstenstreifen des Klützer Winkels mit seiner bewachsenen, einsamen Steilküste versprüht eine wilde Romantik. Dahinter erstrecken sich Felder mit alten Gutshäusern und Bauernhöfen – viele mit Bio-Siegel. Keine Küstenstraße zerstört das Naturidyll. Einzig der Ostseeküsten-Radweg führt am Wasser entlang.

Während die westliche Seite der Lübecker Bucht sich ab den 1960er-Jahren zur „Badewanne der Hamburger" entwickelte, fiel Nordwestmecklenburg in einen Dornröschenschlaf. Hier war bis 1989 Sperrgebiet. Zutritt in die Grenzorte gab es nur mit Passierschein.

Nach dem Fall der Mauer wurden große Teile des Klützer Winkels zum Naturschutzgebiet erklärt. Aber es dauerte nicht lange, bis Investoren das hohe Potenzial der unverbauten Küste entdeckten. Besonders das alte Seebad Boltenhagen rückte in den Fokus. Ausgestattet mit dem nötigen Kapital, kauften sie günstig Gebäude und Grundstücke, sanierten diese oder errichteten luxuriöse Häuser und Ferienwohnanlagen – nicht immer zur Freude der Anwohner, da das große Geld oft von Auswärtigen verdient wurde. Doch viele waren auch froh, da die Restaurierung historischer Gebäude endlich ihren Verfall stoppte.

Hübsche Giebelhäuser an der Kurpromenade in Boltenhagen

Sanfter Tourismus

Boltenhagen ist Touristenmagnet, die Umgebung gilt jedoch als Geheimtipp. Gerade der **Klützer Winkel** mit seinen vielen wilden Küstenabschnitten, der Steilküste und den verstreuten Gutshäusern ist besonders bei Fahrrad- und Wandertouristen beliebt. Die Shoppingmeilen führen hier nicht zu bekannten Modeketten, sondern zu Bauernhöfen mit regionalem Obst und Gemüse, frischer Milch und hausgemachter Wurst. Große, mitten auf die grüne Wiese gepflanzte Ferienanlagen gibt es hier noch nicht.

Auch die Städte bekamen nach der Wiedervereinigung Aufwind. **Schwerin** wurde 1990 Landeshauptstadt und **Wismar** steht seit 2002 auf der Welterbeliste der UNESCO. Der Tourismus wurde zu einem wichtigen Wirtschaftsmotor. Jedoch bleibt der Sektor aufgrund niedriger Stundenlöhne und der geringen Auslastung zur kalten Jahreszeit problematisch. Die Arbeitslosenquote hat sich seit 2005 halbiert und liegt unter 7 Prozent. Grund sind sowohl der demografische Wandel als auch die verbesserte wirtschaftliche Lage. Nichtsdestotrotz pendeln viele Einwohner für attraktive Jobs nach Hamburg.

Tradition & Moderne

Jährlich rückläufige Zahlen weist das **Fischereihandwerk** auf. In ganz Mecklenburg-Vorpommern gibt es noch etwas mehr als 200 hauptberufliche Fischer. Auch wenn die Fischerboote mit ihren typisch rot wehenden Fahnen weniger werden, bleiben Fisch, Fischer und Fischbrötchen unzertrennlich mit der Ostsee verbunden.

Steckbrief: Nordwestmecklenburg

Ausdehnung & Verwaltung: Nordwestmecklenburg ist ein Landkreis im Nordwesten von Mecklenburg-Vorpommern an der Ostseeküste. Er erstreckt sich im Westen von der ehemaligen innerdeutschen Grenze bei Pötenitz bis Boiensdorf im Osten. Kreisstadt ist die Hansestadt Wismar. Südlich grenzt der Landkreis an die Landeshauptstadt Schwerin.
Landschaft: Feinsandige Strände, flache Buchtenküsten und schroffe Steilküste. An den flachen Ufern schließen Dünen und oft ein schmaler Streifen Küstenwald an. Das hügelige Hinterland mit Erhebungen bis zu 100 Metern wird größtenteils als Ackerland genutzt.
Besiedlung: Die größten Städte sind Wismar und Schwerin. Boltenhagen ist Ostseeheilbad. Klütz und Grevesmühlen sind kleine, sehenswerte Städte. Im Klützer Winkel gibt es etliche, teils schlossartig ausgebaute Gutshäuser sowie traditionelle Bauernhöfe.

Fischer mit Leidenschaft sind nach wie vor zu finden. Uwe Dunkelmann aus Boltenhagen zählt dazu. Er führt den Familienbetrieb in vierter Generation. Sein Fischkutter liegt im Hafen Tarnewitz, wo die unverkennbar roten Häuschen den Beginn der Mole markieren. Dort betreibt er den *Fischereihof Kamerun* mit Restaurant, Räucherei und Hofladen. Interessierte haben sogar die Möglichkeit, morgens mit ihm rauszufahren und ihm bei seinem Handwerk über die Schulter zu schauen (▸ Seite 93).

Tradition und Moderne wird besonders an den alten und „neuen" **Windmühlen** deutlich, die sich hier in buntem Kontrast gegenüberstehen – besonders eindrucksvoll in Stove. Die Holländerwindmühle von 1889 ist noch komplett funktionsfähig und mahlte einst Mehl, um die Bevölkerung zu ernähren. Dahinter strecken sich die Rotorblätter der Windräder in den Himmel, die versuchen, unseren Hunger nach sauberer Energie zu stillen. Massiver Protest von Bürgern regt sich gegen Offshore-Windparks in der Ostsee. Sie hatten 2015 Erfolg, als die Pläne für Parks vor Rerik, Wismar und Boltenhagen – auch aufgrund genereller Probleme beim Abtransport der Energie – erstmal auf Eis gelegt wurden.

Alte & neue Herausforderungen

Bei der Werft als ehemaligem Hauptarbeitgeber in **Wismar** standen Insolvenzen und Verkäufe an der Tagesordnung. 2016 übernahm der malaysisch-chinesische Konzern *Genting Group* die Werften in Stralsund, Warnemünde und Wismar und gründete die *MV WERFTEN* mit Sitz in Wismar. Nach dem Bau von vier Flusskreuzfahrtschiffen begann im März 2018 die Fertigung eines Kreuzfahrtschiffs für 5 000 Passagiere. Das rund eine Milliarde Euro teure Schiff wird 340 Meter lang und 46 Meter breit werden. Außerdem wurde die *MV WERFTEN Fertigmodule GmbH* gegründet, die für den Bau von 2 500 Kabinen zuständig ist.

Hinzu kommen drei holzverarbeitende Werke im **Wismarer Hafen.** Seit

2012 legen dort auch circa zehnmal jährlich bis zu 225 Meter lange Kreuzfahrtschiffe an und bringen Touristen aus aller Welt in die Stadt.

In **Schwerin** wurde 2013 eine Produktionsstätte von *Nestlé* angesiedelt. Zu den größten Arbeitgebern in der Landeshauptstadt zählen die *Deutsche Bahn* und die *Helios Kliniken*. Einen bedeutenden Anteil an Arbeitsplätzen stellt auch die Landesregierung mit Verwaltung und Behörden. Von der zahlungskräftigen Klientel profitieren viele Dienstleistungs- und Gastronomiebetriebe sowie der Einzelhandel. Ein weiterer wichtiger Wirtschaftsfaktor ist auch hier der Tourismus.

Ein gern unter den Tisch gekehrtes Problem in ganz Mecklenburg-Vorpommern ist der **Rechtsradikalismus.** Vor den Augen der Touristen bleiben diese Strömungen weitestgehend verborgen, denn in Innenstädten und Touristenorten sind sie kaum anzutreffen. Dafür haben in Jamel, südlich der Wohlenberger Wiek, Rechtsextreme ein ganzes Dorf unterwandert. Doch dagegen regt sich Widerstand: Familie Lohmeyer, die 2004 in das alte Forsthaus am Ortsrand von Jamel zog, organisiert jährlich das Festival *Jamel rockt den Förster*. Immer im August kommen zahlreiche Besucher und setzen kulturelle Akzente gegen den Rechtsextremismus (▸ Seite 31).

Uwe Dunkelmann vom Fischereihof Kamerun in Tarnewitz mit frischem Fang

Kultur & Lebensart

Nordwestmecklenburg ist wie ganz Mecklenburg-Vorpommern seit Jahrhunderten eine ländliche, bäuerlich geprägte Region. Davon zeugen die bis zum Horizont reichenden Felder sowie die alten Bauerngehöfte und Gutshäuser. Neben großen Landwirtschaftsbetrieben gibt es kleinere Höfe, die alte Anbautraditionen pflegen und nachhaltig wirtschaften. Auch Künstler und Kreative lassen sich in der Region nieder. Manufakturen entstehen, die traditionelle Rezepte wiederbeleben. So gibt es eine Mosterei in der Alten Molkerei in Klütz (▸ Seite 86) oder den Hof Hoher Schönberg mit Ölmühle (▸ Seite 99).

Architektur

Die vielen **Gutshäuser** und **Schlösser** sind Teil der Kulturgeschichte Mecklenburgs. Viele Häuser entstanden im 18. Jahrhundert unter den feudalen Landesherren. Großer Flächenbesitz und leibeigene Bauern, die den Boden bewirtschafteten, waren Einkommensgrundlage für den Gutsbesitzer. Freie Bauern mit eigenem Land gab es nur selten.

Mit der Bodenreform nach Kriegsende wurden die Gutsbesitzer enteignet, vertrieben und ihr Land unter Neubauern aufgeteilt. In die traditionellen Gemäuer zogen Schule, Konsum oder Altenheim. Ab 1952 erfolgte die Gründung Landwirt-

Der Fischereihafen in Boltenhagen hat sein traditionelles Flair behalten

schaftlicher Produktionsgenossenschaften (LPG). Die Bauern waren aufgefordert, ihren Besitz zu verstaatlichen. Wer sich weigerte, wurde später zwangskollektiviert. Nach der Wiedervereinigung zerbrachen die Betriebe. Der Besitz ging teilweise wieder an die Alteigentümer zurück. Manche Betriebe schafften die Umstrukturierung in große Agrargenossenschaften, die heute noch das Bild bestimmen. Die Gutshäuser und Schlösser verloren durch den Verlust des Grund und Bodens ihre wirtschaftliche Grundlage. Kostspielige Sanierungen werden häufig durch eine touristische Nutzung finanziert.

Auf dem Land stehen viele reetgedeckte Bauernhäuser. Vereinzelt ist noch die mittelalterliche Urform – das **Niederdeutsche Bauernhaus** – erkennbar. Den besten Eindruck von diesem Haustypus vermittelt das Freilichtmuseum **Schwerin-Mueß** (► Seite 119). Hier wurde ein Teil des Dorfes bereits in den 1970er-Jahren als Museum konserviert. Ein im Original erhaltenes Bauernhaus, datiert auf die Mitte des 17. Jahrhunderts. Im vorderen Teil wurden Nutztiere wie Kühe und Hühner gehalten sowie Futter gelagert. Die sich im hinteren Teil des Hauses befindlichen Wohnräume waren beengt und karg eingerichtet. Jedoch hatte diese Wohnweise durchaus Vorteile, da alle nah beieinander lebten und die Tiere Wärme spendeten. Von außen sind die Häuser gut an der großen, giebelseitigen Einfahrt erkennbar sowie am Fachwerk und am weit heruntergezogenen, meist reetgedeckten Dach.

Im 19. Jahrhundert verschwand diese Bauweise zugunsten des wachsenden Komforts. Teilweise kam es zum Abriss, vieles wurde aber auch um- und ausgebaut. Diese Nutzungsänderung ist im denkmalgeschützten Ort **Hoben** (▸ Seite 67) besonders gut sichtbar. Das ehemalige Fischer- und Bauerndorf mit seinen reetgedeckten Fachwerkhäusern liegt drei Kilometer nordwestlich von Wismar. Heute leben in den sowohl modern als auch traditionell umgebauten Häusern Architekten und Ärzte. Auch Ferienwohnungen kann man dort mieten.

Die Hafenstadt **Wismar** ist von der norddeutschen Backsteingotik geprägt. Die wie Wolkenkratzer in den Himmel ragenden Türme der drei großen Kirchen sind beeindruckende Beispiele mittelalterlicher Baukunst. Es galt: Je wohlhabender die Städte waren, desto höher wuchsen ihre Kirchen.

Die Kaufleute zeigten ihren Wohlstand mit reich verzierten und hübsch gestalteten Giebeln ihrer Bürgerhäuser. Eindrückliches Beispiel ist das Schabbellhaus in Wismar (▸ Seite 52).

Die heutige Landeshauptstadt **Schwerin** hingegen wurde im 19. Jahrhundert im damals vorherrschenden klassizistischen Stil zu einer Residenzstadt umgestaltet. Die Staatskanzlei, der Marstall, aber auch Museum und Theater sind die bedeutendsten Vertreter aus dieser Epoche.

Wenig verbreitet ist der Bäderstil, wie man ihn von den Usedomer Kaiserbädern, in Binz auf Rügen oder in Kühlungsborn kennt. Nur an der Boltenhagener Promenade stehen einige Seebadvillen aus der Zeit um 1900 – ein Anzeichen dafür, dass die Wismarbucht im Schatten von Heiligendamm und den Kurorten auf Rügen und Usedom stand.

Das Arsenal am Pfaffenteich in Schwerin

Mecklenburger Platt im Hafen von Timmendorf-Strand (Poel)

Plattdeutsch: Mecklenburger Platt

Bei einem Urlaub im Mecklenburger Land begegnen einem Bäckerfilialen, die sich „De Mäkelbörger" nennen, Straßenschilder mit der Aufschrift „Tau'n Lüchttorm", Ferienwohnungen die „Seute Deern" heißen, und der Fischer in Boltenhagen wirbt mit dem Spruch „De Fischer un sien Fruh". Es handelt sich um die Regionalsprache Plattdeutsch, die auch als Niederdeutsch bezeichnet wird. Neben Mecklenburg-Vorpommern ist sie noch in den Bundesländern Niedersachsen und Schleswig-Holstein anzutreffen. In der Generation 50plus gehört die Sprache bei vielen noch zum Alltagsgebrauch. Die nachfolgenden Generationen hingegen lernten oft nur passiv mit, wenn sich die Großeltern und Eltern auf Plattdeutsch unterhielten. So verschwindet das Niederdeutsche zusehends aus dem öffentlichen Leben. Um diesen Sprachverlust aufzuhalten, trat die Bundesrepublik 1999 der *Europäischen Charta der Regional- oder Minderheitensprachen* bei. Damit verpflichten sich der Staat und die Länder, Niederdeutsch zu schützen und zu fördern, mit folgenden Auswirkungen: Die Landesverfassung Mecklenburg-Vorpommerns wurde auf Plattdeutsch übersetzt. In Schwerin bieten einige Kitas Plattdeutsch-Kurse an. Beim NDR gibt es regelmäßige Fernsehsendungen auf Platt und bei Radio 1 MV einen plattdeutschen Wochenrückblick, Hörspiele, *Plattdütsch an'n Sünndag* von 6 bis 9 Uhr, eine monatliche Talkshow und vieles andere mehr. In Schwerin spielt die Fritz-Reuter-Bühne nur auf Platt. Auch Stadtführungen können in der Tourist-Info auf Platt gebucht werden. Selbst Poetry Slams existieren mittlerweile in der Regionalsprache. Die Maßnahmen zeigen Wirkung. Die Sprache rückt etwas stärker ins Bewusstsein und wirkt identitätsstiftend. Auch bei der jüngeren Bevölkerung ist sie Ausdruck einer regionalen Verbundenheit und Liebe zur Heimat. Doch die Zahl der aktiven Sprecher bleibt niedrig und es ist fraglich, ob die Maßnahmen den Sprachverlust wirklich verhindern können.

Doch woher kommt eigentlich Plattdeutsch? Stark vereinfacht sei an dieser Stelle nur erklärt, dass die Urform des Niederdeutschen das Altsächsische ist. Das war die im Norden vorherrschende Sprache, im Süden hingegen war es Althochdeutsch. Durch Völkerwanderungen kam es immer wieder zu sprachlichen Veränderungen und Einflüssen.

Die Hochphase erlebt die Sprache mit der Vorherrschaft des norddeutschen Hansebundes von circa 1350 bis 1550. Im gesamten hansischen Wirtschaftsraum war Plattdeutsch die Sprache, in der gesprochen, geschrieben, Rechtsurteile gefällt und Verhandlungen geführt wurden. Als die Hanse allmählich schwächer wurde, drängte zunehmend das Hochdeutsche vom Süden in den Norden. Zuerst setzte sich Hochdeutsch nur im Schriftverkehr durch, dann ging es langsam in den Sprachgebrauch der Oberschicht und des Bildungsbürgertums über. Plattdeutsch wurde mehr und mehr in die Familien zurückgedrängt. Im 20. Jahrhundert wurde Platt zunehmend als Sprache der „kleinen Leute" und der Landbevölkerung stigmatisiert. Diese Sichtweise änderte sich erst am Ende des 20. Jahrhunderts.

Ohne dass wir es wahrscheinlich wissen, nutzen wir einige Wörter, die ihren Ursprung im Niederdeutschen haben. Dazu zählen zum Beispiel Möwe, knabbern, schmuggeln oder verrotten. Manche Wörter kommen nur in der norddeutschen Umgangssprache vor wie zum Beispiel *Dustern* (Dunkelheit), *Puschen* (Hausschuhe), *dröge* (trocken), *Trecker* (Traktor) oder *duun* (angetrunken).

Die Mecklenburgische Küche

In Nordwestmecklenburg wurde gekocht, was auf den fruchtbaren Äckern wuchs. Die ländlich geprägte, einfache Küche verwendete oft Kartoffeln, Kohl und Rüben, aber auch Geflügel sowie Schweinefleisch und natürlich Fisch. Viele der traditionellen Gerichte schaffen es heute nicht auf die Speisekarten der Restaurants. Da muss eher in den alten Kochbüchern der Großmütter gekramt werden. **Steckrübeneintopf** wird sich dort finden, aber auch viele Kartoffelgerichte wie **Béchamelkartoffeln** (Kartoffeln in einer hellen Mehlschwitze mit Mettwurst).

Außerdem gab es im Norden immer viele Mehl- und Milchspeisen wie zum Beispiel Milchsuppe mit Klößen aus Ei, Mehl und Milch. Die **Mehlklöße** schwimmen auch in Fruchtsuppen, etwa mit Pflaumen oder Birnen.

Der traditionelle **Mecklenburger Kartoffelsalat** wird mit Matjes verfeinert. Ein Gericht, das häufig in Restaurants serviert wird, ist der **Mecklenburger Rippenbraten.** Dieses deftige, aber sehr köstliche Gericht besteht aus einer mit Backpflaumen, Äpfeln und Nüssen gefüllten Schweinerippe, dazu werden Rot- oder Rosenkohl und Klöße serviert.

Einige Restaurants sind auf regionale Küche spezialisiert. Sie servieren **Kloppschinken,** ein geräucherter panierter Schinken, oder Mühlenstein, eine Frikadelle mit Äpfeln und Backpflaumen. Als Dessert wird **Mecklenburger Götterspeise** gereicht, die mit in Rum getränktem Schwarzbrot und Sauerkirschen zubereitet wird. Für das bekannte Gericht **Himmel und Erde** werden Kartoffeln und Äpfel zusammen gekocht und mit ausgelassenem Speck verfeinert. **Sanddorn** – die Zitrone des Nordens – hält auch zunehmend Einzug auf den Speisekarten, sei es als Eis, in Torten oder Soßen.

Fisch wurde traditionell entweder gebraten oder in einer Petersiliensoße gekocht. Im Restaurant *Seeperle* am Wismarer Hafen kann sich jeder sein Fischgericht selbst mit einer Dill-, Senf- oder Meerrettichsoße sowie mit Brat-, Pell- oder Salzkartoffeln zusammenstellen. Hoch im Kurs steht auch das **Fischbrötchen.** Wo es den jeweils besten Fisch gibt, steht in den Ortskapiteln. Wer es noch genauer wissen will, sollte sich das Buch *Fischbrötchenreport* (▸ Seite 40) zulegen.

Wenn ein rauchiger Geruch durch die Luft zieht, ist der nächste **Räucherofen** nicht mehr weit. Diese aromatische Fischvariante bietet jeder Fischverkäufer an. Im März kommen die Heringe zum Laichen in die Ostsee. Der Beginn der Saison wird mit den Heringstagen in Wismar gefeiert. Einen weiteren Fisch, den es nur saisonal gibt, ist der grüngrätige Hornfisch, der im Mai in der Ostsee gefangen wird und auf den Tellern vieler Restaurants landet.

Fangfrischen Fisch direkt vom Kutter gibt es im Alten Hafen in Wismar

Backsteingotik

Besonders Wismar ist von den eindrucksvollen Bauwerken der norddeutschen Backsteingotik geprägt. Die Backsteingotik ist eng mit der Hanse verbunden. Erst ihre Blüte brachte das nötige Geld und Selbstbewusstsein in die Städte. Aus anfänglichen Holzkirchen wurden oftmals in 100-jährigen Bauprojekten sakrale Wolkenkratzer als Symbol von Macht und Reichtum.

Da Kalk- und Natursteine knapp waren, nutzten die Baumeister die reichhaltigen Vorkommen an Lehm und Holz. Die Kenntnis der gotischen Bautechnik aus Frankreich und Italien ermöglichte es, in die Höhe zu bauen.

Das Fundament der Kirchen bilden oft in den Boden gerammte Holzstämme und Felssteine, die den morastigen Grund befestigten. Die Backsteine entstanden in den Ziegeleien rund um die Stadt. Hier wurde das Lehm-Wasser-Gemisch, das mindestens einen Winter richtig durchfrieren musste, in Formschalen gefüllt und dann mehrere Wochen getrocknet, bevor bis zu 40 000 Steine bei 1 000 °C mehrere Tage in einem Ofen gebrannt wurden. Da die Temperaturen schwankten, war ein Drittel der Produktion unbrauchbar.

Aus den fertigen Steinen wuchsen die Gebäude. Zehn Backsteine übereinander gemauert ergeben einen Meter. Figurenschmuck war mit Backsteinen nicht herzustellen. Da aber auch die Backsteinkirchen nach Verzierungen strebten, entwickelten sich unterschiedliche Methoden: Die ursprünglich rechteckigen Formsteine wurden durch Schablonen in ihrer Form verändert. Einige Ziegel wurden glasiert, durch das Zusammenmauern glasierter und unglasierter Ziegel entstanden Muster. Weißes Blendwerk an den Kirchenfassaden trug ebenfalls zur Dekoration bei.

Im 15. Jahrhundert endete nicht nur die Blütezeit der Hanse, sondern auch die der Backsteingotik. Die Hanse verlor an Macht und Einfluss, die Bauwut hatte die einst riesigen Holzvorkommen nahezu aufgebraucht. So kam der Kirchenbau zum Erliegen. Dank ihrer meisterhaften Konstruktion blieben die mächtigen Zeugnisse mittelalterlicher Baukunst bis heute erhalten. Beschädigungen entstanden größtenteils durch die Kriege des 20. Jahrhunderts.

Im erhaltenen Turm der Marienkirche in Wismar – das kriegsversehrte Kirchenschiff wurde 1960 gesprengt – gibt es eine Ausstellung zur Backsteingotik sowie einen sehr sehenswerten 3-D-Film zum Thema (▸ Seite 59).

Das eindrucksvolle Seitenschiff der Nikolaikirche in Wismar ▸

Geschichte

Um 6500 v. Chr.
Westmecklenburg wird später besiedelt als andere Teile Mitteleuropas. Anfangs streifen arktische Jäger durchs Land, später Nomaden der Mittelsteinzeit.

Um 3000 v. Chr.
Klima und Vegetation erlauben die Feldwirtschaft. Zeugnisse der ersten sesshaften Bewohner sind steinerne Hügelgräber und verzierte Lehmgefäße.

Um 1800–300 n. Chr.
Mit der Bronzezeit beginnt auch in Mecklenburg der überregionale Tauschhandel von Waffen und Kulturgegenständen.

7. & 8. Jh.
Von Osten her wandern slawische Stämme ein. Im Raum Lübeck-Wismar-Schwerin etabliert sich der Stamm der Obodriten, dessen Hauptsitz die Mecklenburg bei Wismar ist.

10. Jh.
Das ostfränkische Reich etabliert die christliche Herrschaft in Sachsen und Brandenburg. Die ersten Versuche der christlichen Landnahme östlich der Elbe scheitern am heftigen Widerstand der Slawen.

1167
Sachsenherzog Heinrich der Löwe unterwirft die Slawen mit Militärhilfe der Dänen. Priebislaw, Sohn des unterlegenen Obodritenherrschers, lässt sich taufen. Als Lehnsmann der Sachsen wird er als erster christlicher Fürst eingesetzt und damit zum Stammvater der Mecklenburgischen Dynastie. Schwerin wird zum Zentrum der Christianisierung Mecklenburgs mit der Residenz des Bischofs und Bau der Domkirche.

Um 1200
Mecklenburg wird von deutschen Kolonisten besiedelt. Rodungsdörfer verdrängen und assimilieren die slawische Bauernkultur. Rostock (1218) und Wismar (1229) steigen mit ihren Häfen zu den wirtschaftlichen Zentren des Landes auf.

1259
Unter der Führung Lübecks finden sich Wismar und Rostock zum Wendischen Städtebund als harter Kern der Hanse zusammen.

13. & 14. Jh.
Die Vormacht norddeutscher Kaufleute treibt auch die Hansestädte zu sichtbarer Blüte. Gotische Giebelhäuser und mächtige Stadtkirchen der Backsteinarchitektur entstehen und prägen das Bild der Innenstädte bis heute.

1348
Die Mecklenburgischen Herrscher steigen zu Reichsfürsten auf. Die Hauptresidenz wechselt von Wismar nach Schwerin.

1357
Die erste Pestwelle erreicht Mecklenburg und dezimiert die Bevölkerung in manchen Orten um die Hälfte. Der schwarze Tod bleibt bis 1700 ein Dauerproblem in ganz Europa und ist für Handel und Entwicklung ein entscheidendes Hemmnis.

Ab 1400
Die wirtschaftliche Kraft der Hanse

überschreitet ihren Zenit. Bauprojekte und Bevölkerungswachstum stagnieren. Die Gemeinschaft der Ostseestädte wird durch Einzelinteressen der übergeordneten Landesherren auseinanderdividiert. Die Handelsvormacht geht an Holländer und Engländer verloren, auch weil die neuen Seewege nach Indien und Amerika der Ostsee den Rang ablaufen.

1549

In Mecklenburg wird die protestantische Reformation nach lutherischer Prägung eingeleitet. Das Land entfernt sich trotz Augsburger Religionsfrieden von der katholischen Zentralgewalt der habsburgischen Kaiser. Die Klöster Mecklenburgs werden aufgelöst und deren beträchtlicher Besitz von den Herzögen einverleibt.

1618–48

Mecklenburg möchte im Dreißigjährigen Krieg neutral bleiben, verheddert sich jedoch im unübersichtlichen Bündnissystem. Die Herzöge werden darauf vom Kaiser entmachtet. Die zu Hilfe gerufenen Schweden können das Land zwar wieder für die Mecklenburger befreien, nehmen sich 1632 aber Wismar und die Insel Poel als Lohn für ihre Dienste.

1632–1803

Schweden macht Wismar zur Verwaltungshauptstadt seiner neuen Provinz und baut es zu einer der mächtigsten Seefestungen Europas aus. Die Wismarbucht wird Standort der schwedischen Flotte. Im Nordischen Krieg (1700–1721) wird Wismar von dänischen und preußischen Truppen besetzt, bevor der Landstrich wieder an Schweden fällt.

17. & 18 Jh.

Nach den Kriegen nutzen die Gutsherren die miserable Lage der verarmten Landbevölkerung aus und zwingen sie in die Leibeigenschaft. Währenddessen bauen die absolutistisch regierenden Herzöge ihre

Der Kupferstich von Matthäus Merian zeigt Schwerin im Jahre 1635

Schlösser nach der Mode Frankreichs und Hollands.

1757–62
Im Siebenjährigen Krieg wird das Land von Preußen besetzt und viele Landeskinder in die preußische Armee gezwungen.

1803
Schweden entlässt Wismar, die Insel Poel und das Amt Neuhaus zurück nach Mecklenburg.

1820
Die Leibeigenschaft der Bauern wird abgeschafft. Die soziale Misere der Landbevölkerung verschärft sich dadurch aber nur, weil auch die Fürsorgepflicht der Gutsbesitzer entfällt. Die gewährten Hungerlöhne führen zu andauernder Auswanderung ins Ausland und in die Großstädte.

1867
Beide Großherzogtümer Mecklenburgs treten dem Norddeutschen Bund bei. Im Gegensatz zu allen anderen Teilstaaten des Deutschen Reiches bleibt Mecklenburg ohne moderne Verfassung.

Im Hafen von Wismar um 1850

1903
Zur Jahrhundertwende arbeiten noch 50 Prozent der Bevölkerung in der Landwirtschaft – Industrie siedelt sich nur zaghaft an.

1919–33
Nach dem Ersten Weltkrieg danken mit dem deutschen Kaiser auch die mecklenburgischen Großherzöge ab – nach fast 750 Jahren dynastischer Herrschaft. Im neuen Freistaat regieren Parlament und Ministerpräsident.

1933–39
Die Freistaaten Mecklenburg-Schwerin und Mecklenburg-Strelitz werden 1934 zum Land Mecklenburg zwangsfusioniert und von den Nationalsozialisten gleichgeschaltet. Die 1 000 Juden in Mecklenburg werden drangsaliert. Die Synagoge von Schwerin und viele Geschäfte werden in der Reichspogromnacht 1938 zerstört. Alt-Gaarz am Salzhaff wird in Rerik umbenannt, um die nordischen Wurzeln einstiger Wikinger in Mecklenburg zu betonen.

1939–45
Die nicht ausgewanderten Juden werden 1942 nach Auschwitz und Theresienstadt deportiert. Wismar wird als Rüstungsstandort mehrfach bombardiert, wobei auch die Altstadt erheblich zerstört wird.

Nach 1945
Mit der Aufnahme von Vertriebenen aus den Ostgebieten verdoppelt sich die Bevölkerungszahl. Viele erhalten als sogenannte Neubauern eigene

Ackerparzellen, die mit der Bodenreform aus der Enteignung der Großgrundbesitzer zur Verfügung gestellt werden.

1953

Mecklenburg wird in die Bezirke Rostock, Schwerin und Neubrandenburg umstrukturiert. Die Bauern müssen mit ihren Äckern und Maschinen in landwirtschaftliche Produktionsgenossenschaften (LPG) eintreten. Die innerdeutsche Grenze wird schon lange vor dem Mauerbau zum abgeriegelten Sperrgebiet. Die *Mathias-Thesen-Werft* in Wismar zählt zu den wichtigsten Werften des Landes.

1960er & 70er-Jahre

Die DDR-Regierung setzt auf Industrialisierung. In Schwerin wird ein Zentrum der Kunststoff- und Lederproduktion angesiedelt. Die Lebensverhältnisse sollen mit neuen Stadtvierteln in Plattenbauweise verbessert werden.

1989

Am 23. Oktober 1989 fand die erste Montagsdemonstration in Schwerin statt, zu der sich 40 000 Menschen am Dom und auf dem Alten Garten versammelten.

Am 9. November wird der innerdeutsche Grenzübergang bei Lübeck für den unbeschränkten Reiseverkehr geöffnet.

1990er-Jahre

Mit der Wiedervereinigung wird das Bundesland Mecklenburg-Vorpommern neu gegründet und Schwerin als Landeshauptstadt bestimmt. Viele DDR-Staatsbetriebe müssen schließen. Die Wismarer Werft geht trotz Milliardenhilfe zweimal Pleite.

Die Altstädte von Wismar und Schwerin werden im Rahmen der Städtebauförderung restauriert. Der Tourismus an der nordwestlichen Ostseeküste erlebt eine Renaissance. Es entstehen neue Ferienhaussiedlungen und Hotels.

Einen Nachholbedarf gibt es auch bei Einfamilienhäusern und Gewerbegebieten am Rand der Städte. Viele Städter verwirklichen in den Dörfern ihren Traum vom Eigenheim.

1992

In Boltenhagen wird die neue Seebrücke eingeweiht.

2002

Wismars Altstadt wird zusammen mit Stralsund in die Welterbeliste der UNESCO aufgenommen.

2008

Im Boltenhagener Ortsteil Tarnewitz wird das Feriendorf *Weiße Wiek* mit der Marina Boltenhagen eröffnet.

2009

In Schwerin findet die Bundesgartenschau statt.

2011

Nach der Kreisgebietsreform in Mecklenburg-Vorpommern ist Wismar Teil und Verwaltungssitz des aus der ehemals kreisfreien Stadt Wismar und des Landkreises Nordwestmecklenburg neugebildeten Landkreises Nordwestmecklenburg.

2016

Schwerin: Die Ausstellungsfläche der *Galerie Alte & Neue Meister* wird durch einen Museumsneubau im Hof um 800 Quadratmeter erweitert. Viele Werke der zeitgenössischen Kunst, die vorher im Depot lagerten, können nun ausgestellt werden. Die obere Etage widmet sich komplett dem Künstler Günther Uecker.

Landschaft & Umwelt

Kilometerlange Strände, von Strandhafer bewachsene Dünen, schroffe Steilufer – die Küste Nordwestmecklenburgs ist urwüchsig und abwechslungsreich. Landeinwärts schwingen sich wellenartige, von Baumreihen durchzogene Hügel durch eine weite Landschaft. In den Senken liegen oft kleine Seen. Eine Ausnahme bildet der 60 Quadratkilometer große Schweriner See – der viertgrößte Deutschlands.

Von der Eiszeit geformt

Zu verdanken ist dieser reizvolle Flecken Erde der letzten Eiszeit. Die sogenannte Weichseleiszeit begann vor 120 000 Jahren und endete vor circa 12 000 Jahren. Damals wälzte ein bis zu 300 Meter hoher Gletscher mit seinem Gewicht das Land platt. Von Skandinavien kommend, wo er sogar stattliche 3 000 Meter maß, stieß er während besonders kalter Phasen weit nach Süden vor. Bei diesen Bewegungen trug er allerhand Gesteine, Geröll und Lehm von seinem Untergrund ab. Einzelne Gletscherzungen formten Buchten wie bei Lübeck und Wismar. Dazwischen türmten sich End- und Seitenmoränen auf. Mit steigendem Meeresspiegel und einsetzender Küstenerosion entstand die Steilküste des **Klützer Winkels** (▶ Seite 81) zwischen Kleinklützhöved und Großklützhöved.

Die Küste in Nordwestmecklenburg hat auch schroffe Abschnitte

Mit konstant steigenden Temperaturen schmolz der Gletscher allmählich und ließ sein Transportgut zurück. Die vor sich hergeschobenen Sedimente blieben als sogenannte Endmoräne liegen. Durch die verschiedenen Gletschervorstöße entstand der circa 200 Kilometer breite Baltische Landrücken. Er zieht sich an der kompletten südlichen Ostsee vom dänischen Jütland bis nach Estland entlang.

An den Endmoränen des Landesinneren machte sich die Witterung zu schaffen. Sie wurden von Wind und Wasser abgetragen, geschliffen und zersetzt – zurück blieben sanfte Hügelketten. Im Klützer Winkel bei Grevesmühlen beträgt die höchste Erhebung stattliche 113 Meter. Der **Schweriner See** wurde in der letzten Eiszeit durch eine Gletscherzunge geformt. An seiner tiefsten Stelle misst er 52,4 Meter.

Durch den Transport des Gletschers gelangten riesige Gesteinsbrocken, sogenannte Findlinge, in hiesige Breitengrade. Auf der **Insel Poel** wurden einige stattliche Vertreter dieser Felsgiganten im Findlingspark in Kirchdorf ausgestellt. Im Klützer Winkel blieben mehrere aus Findlingen errichtete Megalithgräber – Bestattungskammern aus der Steinzeit – erhalten.

Das geschmolzene Gletscherwasser sammelte sich in einem Becken: Die Ostsee entstand. Das Wasser stieg und stieg. Tief liegendes Festland wurde zu Meeresboden und Landerhebungen zu Inseln wie Walfisch vor Wismar oder auch die Insel Poel.

Grandiose Blicke von der 30 Meter hohen Steilküste des Klützer Winkels

Die Landschaft verändert sich

Mit steigendem Meeresspiegel entstand nach Westen eine Verbindung zur Nordsee und damit zu den Weltmeeren. Über diesen Durchbruch gelangte Salzwasser in das einst reine Süßwassermeer. Auch heute beeinflusst einströmendes Nordseewasser maßgeblich den Salzgehalt. Große Flüsse wie die Oder, Weichsel oder Newa führen der Ostsee riesige Süßwassermengen zu. Deswegen nimmt der Salzgehalt nach Osten hin ab. An der schleswig-holsteinischen Küste liegt er noch bei 1,8 Prozent. Am nördlichen Ufer zwischen Schweden und Finnland sinkt er stellenweise auf 0,3 Prozent. Zum Vergleich: In der Nordsee liegt er bei 3,5 Prozent.

Aufgrund der Vermischung von Süß- und Salzwasser wird die Ostsee als Brackwassermeer bezeichnet. Das stellt die Meeresbewohner auf eine harte Probe. Viele Fischarten oder auch Korallen kommen mit dem salzarmen Wasser nicht zurecht. Miesmuscheln werden in ihrem Wachstum behindert und verlieren allein zwischen der Kieler Bucht und der Insel Poel merklich an Größe und an Stabilität der Schale. Andere Arten haben sich den Bedingungen perfekt angepasst. Der Hecht zum Beispiel fühlt sich im Brackwasser genauso wohl wie im Süßwasser. Trotzdem gilt die Ostsee als relativ artenarm, denn erdgeschichtlich betrachtet ist sie ein sehr junges Meer. Es kommt zwar vor, dass Schiffe oder Strömung neue Lebewesen einschleppen, doch es dauert lange, bis sich neue Arten ansiedeln oder bilden.

Gerade an der Küste tragen Wind und Wellen Land an der einen Stelle ab und schütten es an anderer wieder auf. Aktiver Küstenschutz mit Wellenbrechern, Dünen und befestigten Uferzonen soll die Naturgewalten gerade an bewohnten Uferzonen bremsen. Als Ausgleich gibt es geschützte Gegenden wie das Tarnewitzer Huk bei Boltenhagen. Das Betreten des Hakens ist verboten und die Natur sich selbst überlassen.

Küstenvegetation

Der gesamte Klützer Winkel war einst bewaldet. Bereits im Mittelalter begann die Abholzung, um Brenn-, Bauholz und neuen Siedlungsraum zu gewinnen. Es folgte die fast vollständige Rodung. Das einzige erhaltene Waldgebiet ist der Lenorenwald bei Kalkhorst. Aufgrund seines morastigen Untergrunds war er für landwirtschaftliche Nutzfläche nicht geeignet. Seltene Attraktion sind mehrere nordamerikanische Mammutbäume, die wahrscheinlich um 1870/80 gepflanzt wurden (▸ Seite 99).

Am nördlichen und westlichen Teil des Klützer Winkels ist ein circa 100 Meter breiter Streifen Küstenwald erhalten. Die fruchtbaren Böden der daran anschließenden Endmoränenlandschaft eignen sich hervorragend für eine landwirtschaftliche Nutzung. Von Frühjahr bis Herbst kann man zahlreiche Bauern beim Bewirtschaften ihrer Felder sehen. Bis zum Horizont reichen die Flächen, die nur durch einzelne Dörfer und Straßen durchbrochen werden. Wo die Felder aufhören, zieht sich an der Steilküste des Klützer Winkels ein Streifen wilder Gräser entlang. Rainfarn, Scharfgabe und Disteln sind fast überall zu finden. Die Steilküste selbst ist in weiten Teilen bewachsen. Die flachen Uferbereiche sind vielerorts durch mit Strandhafer bewachsene Dünen geschützt. Die dünnen, grünen Halme mit tiefen Wurzeln stehen dicht gedrängt im Sand und bremsen den Wind sowie Sandflug. Sie sind für den Küstenschutz unabdingbar und werden häufig künstlich angepflanzt. Diese Gräser reagieren empfindlich auf Störungen. Deshalb ist das Betreten der Dünen strengstens untersagt und nur auf

Strandhafer dient als Küstenschutz

ausgewiesenen Wegen gestattet. Hinter den Dünen schließt oft eine Reihe Hagebutten- oder **Sanddornsträucher** an.

Sanddorn avancierte in den vergangenen Jahren zu einem kleinen Star an der Ostsee. Seine Popularität verdankt er seinen kleinen orangeroten Beeren, die ein Vielfaches mehr an Vitamin C besitzen als Orangen und Zitronen. Roh wird er kaum verzehrt, doch als Saft, Brotaufstrich, für Liköre und auch für Kosmetikartikel ist die Beere bestens geeignet. Noch Mitte der 1990er-Jahre zählte Sanddorn zu einem Nischenprodukt. Ambitionierte Händler verkauften Sanddornprodukte auf den Märkten. Das Interesse an der heimischen Pflanze wuchs zunehmend. Mittlerweile baut die Familie Pagel aus Wohlenberg Sanddorn auf einer eigenen Plantage an und erntet zusätzlich wilde Früchte für ihre Produktion. Im Hofladen (▸ Seite 95) gibt es eine breite Palette und frischen Sanddornsaft zum Probieren.

Sanddorn wächst vielerorts an der Küste

Im Frühjahr blüht der Sanddorn und im August sind seine kleinen, dicht an dicht wachsenden Beeren erntereif. Auf den ostseenahen Kies- und Sandböden fühlt er sich pudelwohl. Seine langen Wurzeln verzweigen sich dicht unter der Erdoberfläche und sorgen selbst an Steilufern für Stabilität.

Tiere an der Küste

Spätestens, wenn man das Kreischen der **Möwen** hört, ist die Ostsee nicht mehr weit. Die zu den Großmöwen gehörende Sturmmöwe ist am weitesten verbreitet. Sie ist der Silbermöwe sehr ähnlich, die leicht an ihrem roten Punkt am Schnabel erkennbar ist. Ihr Gefieder ist ähnlich der Sturmmöwe – weiß-blau. Die Jungvögel haben ein braunes Gefieder. Im Wismarer Hafen können diese Möwen manchmal lästig werden. Sie sind sehr zutraulich und warten einige Zentimeter entfernt, dass vom Fischbrötchen etwas herunterfällt. Lässt man sein Essen unbeaufsichtigt, nehmen sie sich ihren Teil.

In der Bucht von Zierow bauen Küstenseeschwalben in der zwei Meter hohen Steilküstenwand ihre Bruthöhlen. Mit etwas Glück bekommt man einen Seeadler zu sehen.

Neben der Insel Poel befindet sich das Naturschutzgebiet Langenwerder. Die Insel liegt in kniehohem Wasser, jedoch ist ein Betreten verboten. Hier brüten tausende Vögel, darunter Austernfischer, Sandregenpfeifer und Küstenseeschwalben. Im Frühjahr und Herbst legen zahlreiche Gänse, Enten und Schwäne einen Zwischenstopp ein.

Die häufigsten **Muscheln** sind die schwarzen Miesmuscheln und die weiß-bräunlich gestreiften oder rosa gefärbten Herzmuscheln. Im Au-

Auch Silbermöwen sind an der Ostsee zu entdecken

gust werden viele Quallen angeschwemmt. Meistens handelt es sich um die harmlose Ohrenqualle. Sehr selten tritt vor Boltenhagen auch die rote Feuerqualle auf. Ihre langen Tentakeln lösen bei Berührung schmerzende Hautreizungen aus.

Zu den typischen **Ostseefischen** zählen Dorsch, Flunder, Makrele, Sprotte, Hering und im Mai der grüngrätige schlanke Hornhecht. Steinbutt, Lachs, Barsch und Aal gehen den Fischern seltener ins Netz. Deswegen werden diese Fische oft zugekauft oder kommen aus Zuchtbetrieben. Nicht alles, was im Räucherofen hängt, kommt direkt aus der Ostsee.

Eine kleine Attraktion, die in den letzten Jahren wieder zurückgekehrt ist, sind **Seehunde** und **Kegelrobben.** Zwischen 1885 und 1930 wurden sie erbittert gejagt, da die Fischer durch sie ihre Existenz bedroht sahen. Heute stehen sie unter strengem Schutz, doch eine umfangreiche Wiederansiedlung scheitert auch heute am Widerstand der Fischer. Mit etwas Glück können Seehunde und manchmal auch Kegelrobben auf der Sandbank Liebs vor Boltenhagen bewundert werden. Die *MS Seebär* fährt in der Saison zwei- bis dreimal täglich von der *Weißen Wiek* zur Sandbank Liebs, wo sich die Seehunde sonnen. Immer wieder werden auch Delfine und sogar Buckelwale gesichtet.

Typische Pflanzen & Tiere im Hinterland

Im Forst bei Kalkhorst und rund um den Schweriner See beginnt das Frühjahr mit einem Anemonenteppich. Im Wald bei Schloss Wiligrad am Schweriner See blüht der Waldmeister – Grundzutat für eine Maibowle. Zu den Waldbewohnern zählen Reh-, Rot- und Damwild. Im Wasser fühlen sich Hecht, Regenbogenforelle, Zander, Barsch und Aal sehr wohl.

Feste & Veranstaltungen

Ein Blick in die gut gefüllten Veranstaltungskalender der Städte lohnt auf jeden Fall. An der Küste locken meist traditionelle Feste. Schwerin hingegen besticht mit hochkarätigem Kulturprogramm rund um Schloss und Garten.

Schwerin

Ganzjährig
Puppenspiel in Schwerin-Mueß. Für die Kleinen werden die Märchen der Gebrüder Grimm unterhaltsam in einem Puppenspiel erzählt.

Letztes Aprilwochenende
FrühjahrsErwachen: Pflanzen- und Kunsthandwerkermarkt mit Bioeis und Kuchenbasar in Schwerin-Mueß. Abends Lichtshow mit Musik und Wasserfontänen im Schlossgarten.

Mitte Juni
Schweriner Schlossfest mit Festumzug des Hofstaates, historischen Schreittänzen, Ehrensalutschießen, Fechten, Holzspielen, Wandelkonzert und Tag der offenen Tür im Landtag.

Ende Juni bis Ende Juli
Bei den Schlossfestspielen Schwerin wird vor traumhafter Kulisse häufig eine Verdi-Oper, manchmal auch eine Operette oder ein Musical aufgeführt.

Anfang November
Der Schweriner Martensmarkt ist ein mittelalterliches Spektakel. Rahmenprogramm mit Märchenerzähler, Gaukler, Tänzer und Ritter. Laternenumzug für Kinder.

Wismar

Ganzjährig
Konzerte des NDR-Sinfonieorchesters vor beeindruckender Kulisse in der wieder aufgebauten Georgenkirche.

Mitte März
Bei den Wismarer Heringstagen dreht sich alles um das „Silber der Ostsee“. Am Eröffnungstag wird der Fang symbolisch mit dem Heringskarren vom Hafen zum Marktplatz gefahren. Hering satt heißt es in den teilnehmenden Gaststätten.

Anfang Juni
Im Alten Hafen finden die Hafentage statt. Mit Karussells, Handwerkerständen, Riesenrad, Bühnen und Feuerwerk am Samstag. Traditionssegler laden zur Mitfahrt ein.

Mitte August
155 Jahre gehörte Wismar zu Schweden. Das Schwedenfest mit historischen Militärparaden, buntem Programm auf dem Marktplatz und Jahrmarkttrubel am Hafen erinnert an diese Zeit.

Dezember, 3. Advent
Kunstmarkt in der Georgenkirche und Lichterfahrt der Fischer. Handgefertigtes aus Glas, Holz oder Ton. Am Hafen fahren die mit Lichterketten geschmückten Fischerboote in die Wismarbucht.

Insel Poel

Mitte Mai
Alle zwei Jahre (ungerade Jahreszahl) im Frühjahr, wenn die Insel gelb leuchtet, wird in Kirchdorf das Rapsblütenfest gefeiert, die Rapskönigin gewählt und abends getanzt.

Anfang August
Poeler Abendlauf: Zehn-Kilometer-Lauf von Kirchdorf über Am Schwarzen Busch bis nach Gollwitz und wieder zurück nach Kirchdorf.

Anfang August
Alle zwei Jahre (ungerade Jahreszahl) findet in Kirchdorf ein Mittelalterfest statt. Rund um die Kirche treffen sich Wikinger, Gaukler, Schwertkämpfer, Wahrsager und Markttreibende.

Boltenhagen

1. Januar
Beim Neujahrsbaden stürzen sich Mutige in die winterlich kalte Ostsee.

Ende Juli
Zu dem Kleinkunstfestival *Sommerserenade* finden sich im Kurpark Jongleure, Akrobaten, Luftartisten und Comedians ein. Den Auftakt bildet das *White Picknick*. Außerdem Travestie, Comedy, Walking Acts und Feuershow.

Klütz

Anfang Juni
Zur Eröffnung des Klützer Literatursommers gibt's ein Gartenfest mit literarischem und musikalischem Programm im Uwe-Johnson-Haus.

Mitte Oktober
Klützer *KulTOURnacht* mit Musik, Theater, Handwerk, Yoga an 15 Orten in der ganzen Stadt.

Grevesmühlen

Mitte Oktober
Piraten-Open-Air mit viel Getöse, knallenden Pistolen und wiehernden Pferden – Schauspieler holen die Abenteuer des Capt'n Flint an die Ostsee.

Jamel

Im August
Jamel rockt den Förster-Festival für Demokratie und Toleranz – gegen Rechtsextremismus.

Piraten in Grevesmühlen

In den Häuschen an den Strandaufgängen von Boltenhagen bekommt man allerhand Nützliches für den Tag am Meer ▸ Seite 88

Reisepraktisches

Klima & Reisezeit

Die deutsche Ostseeküste befindet sich in der gemäßigten Klimazone. Sie wird am häufigsten von westlichen Winden beeinflusst, jedoch kommen auch alle anderen Windrichtungen vor. Die Niederschläge sind im Jahresdurchschnitt relativ konstant. Im Mai regnet es ein bisschen weniger.

Die Ostsee hat sich zu einem ganzjährigen Reiseziel entwickelt. Mit dem Wechsel der Jahreszeiten ändert sich auch das Publikum. Die Hauptreisezeit liegt in den Sommermonaten von Juni bis Anfang September. Dann füllen sich die Strände mit Badegästen – sofern das Wetter mitspielt, denn Regenperioden sind auch im Sommer nicht ausgeschlossen.

Wenn die ersten Sonnenstrahlen im Frühjahr nach draußen locken, weht an der Ostsee noch ein frischer Nord-Ost-Wind. Doch ausgestattet mit Windjacke, Mütze und Schal steht dem Strandspaziergang nichts im Wege. Dafür erwärmt sich das Meer im Sommer schnell. Bei schwacher Strömung und konstant hohen Temperaturen steigen die Wassertemperaturen in der Wismarbucht und an den Poeler Stränden bis auf 23 °C an. Das ist allerdings die Ausnahme. Die Durchschnittswassertemperatur liegt im Sommer eher bei 18 °C. Die Luft erwärmt sich im Schnitt auf 22 °C, aber natürlich gibt es auch heiße Tage mit über 30 °C.

Da die Ostsee relativ flach ist, einen geringen Salzgehalt hat und nicht vom Golfstrom beeinflusst wird, wirkt sie nicht als Wärmespeicher. Dadurch können im Winter die Temperaturen stark zurückgehen. Touristen trifft man dann nur vereinzelt, wenn sie sich in gemütlichen Wellnesshotels entspannen oder Strandwanderungen unternehmen. Es geht ruhig zu, denn viele Restaurants und Geschäfte sind geschlossen.

Das Ostseeklima hat heilende Wirkung auf Atemwegs- und Hauterkrankungen. Die salzhaltige, mit Mineralien angereicherte Luft stärkt das Immunsystem. Da sie sehr klar und sauber ist und durch das Meer nur wenig Pollen enthält, tut sie Allergikern sehr gut.

Klimatabelle Nordwestmecklenburg

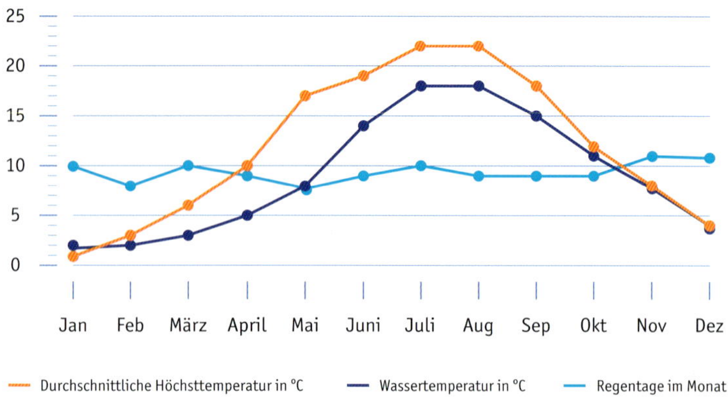

Schwerin hat ein sehr gut ausgebautes Nahverkehrsnetz mit Tramlinien

Ankommen

Mit Bahn & Bus

Schwerin ist besonders gut an das deutsche Eisenbahnnetz angeschlossen, aber auch Wismar, Grevesmühlen und Bad Kleinen sind meist im Stundentakt per Bahn erreichbar.

Nach **Schwerin** fahren IC- oder RE-Züge circa stündlich von Hamburg (Fahrzeit knapp 90 Min.). Von Berlin fahren täglich Regionalexpresszüge in knapp zweieinhalb Stunden direkt nach Schwerin. Mit dem Intercity und Umsteigen in Ludwigslust geht es noch ein bisschen schneller (knapp 2 Std.). Von Stuttgart sowie von Frankfurt am Main verkehren mehrmals wöchentlich IC-Züge direkt nach Schwerin, in manchen Monaten ist der Takt allerdings sehr reduziert.

Nach **Wismar** verkehren Regionalbahnen alle zwei Stunden direkt von Berlin (Fahrzeit ca. 3 Std.) oder man wählt bis Ludwigslust den IC und steigt dort um. Von Hamburg kommend, muss man in Schwerin umsteigen (Fahrzeit insgesamt ca. 2 Std. 15 Min.) und aus Richtung Stralsund kommend in Rostock.

Bad Kleinen ist ein wichtiger Umsteigebahnhof zwischen Schwerin und Wismar, von hier fahren RE-Züge auch im Stundentakt über Grevesmühlen nach Lübeck (Fahrzeit ca. 50 Min.).

Tickets: Für eine Fahrt von Berlin nach Wismar und zurück ist das **Ostseeticket** oft die günstigste Wahl. Die Rückfahrt muss innerhalb von 15 Tagen erfolgen. Es besteht keine Zugbindung. Das ist anders bei den Sparpreisen und Supersparpreisen, die online gebucht werden können. Der Rabatt von der Normalfahrkarte kann erheblich sein, allerdings muss unbedingt der gebuchte Zug genommen werden.

Für Tagestouren bietet sich das **Länderticket Mecklenburg-Vorpommern** an. Es gilt sogar ab/bis Hamburg. Damit können bis zu 5 Personen zwischen 9 Uhr morgens und 3 Uhr nachts alle Züge des Nahverkehrs beliebig oft nutzen.

www.bahn.de

Auf die Insel Poel, nach Boltenhagen und Klütz verkehren regelmäßig **Busse des Nahverkehrs** ab Wismar.

Busbetriebe Wismar Regio/Stadt |
Tel. (0 38 41) 21 39 67 und
(0 38 41) 79 04 40 | www.bbw-wismar.de

Mit dem Fernbus

Wismar und Schwerin sind über Fernbuslinien mit vielen deutschen Städten verbunden.

www.flixbus.de

Mit dem Auto

Wismar und Schwerin sind sehr gut ans Autobahnnetz angebunden. Von Süden (München, Leipzig, Dresden) fährt man über die Autobahnen A 9 bzw. A 13 bis Berlin und anschließend führen die A 24 und A 14 direkt zu den beiden Städten. Die Entfernung München–Wismar beträgt ca. 800 km, von Leipzig sind es 400 km und von Berlin 250 km. Bis Schwerin sind es jeweils ca. 40 km weniger.

Von Südwesten verläuft die Strecke über Frankfurt/Main, Kassel, Hannover und Hamburg über die A 5 und A 7. Von Hamburg führt die Strecke über die A 1 und A 24 nach Wismar und über die A 24 und die B 321 nach Schwerin. Von Frankfurt bis Wismar sind es ca. 630 km, von Hannover 280 km und von Hamburg 130 km. Von Hamburg nach Schwerin sind es nur ca. 110 km.

Die Anreise aus Nordrhein-Westfalen erfolgt über die A 1 via Bremen und anschließend über Hamburg. Die Strecke Düsseldorf–Wismar beträgt 520 km.

Von Osten (Usedom) nutzt man nach Wismar die A 20, nach Schwerin biegt man auf die A 14 ab. Von Usedom sind es bis Wismar 200 km, bis Schwerin 220 km.

Mit dem Fahrrad

Schwerin und Wismar liegen am **Ostseeküsten-Radweg** und am **Elbe-Ostsee-Radweg.** Beides sind sehr gut ausgebaute Radwege, die an abwechslungsreichen Landschaften vorbeiführen. Von Hamburg verläuft außerdem der **Hamburg-Rügen-Radweg** über Schwerin. Weitere Fernradwege, die für eine Anreise genutzt werden können, obwohl sie nicht direkt durch Nordwestmecklenburg verlaufen, sind der Berlin-Kopenhagen-Radweg, der Elbe-Radweg und der Radweg Alte Salzstraße.

Mit dem Flugzeug

Der nächstgelegene Flughafen ist **Rostock-Laage.** Von dort bestehen regelmäßige Verbindungen zu den Flughäfen Köln-Bonn, München und Stuttgart sowie in der Saison nach Basel (Schweiz) und Linz (Österreich). Ein Shuttlebus, der direkt nach Wismar verkehrt, muss drei Tage im Voraus gebucht werden. Ein privater Chauffeur-Service bietet Abholung mit Namensschild und Fahrt zum Wunschort an.

Unterwegs in Nordwestmecklenburg

Mit dem Auto

Die Städte und Dörfer sind durch ein gutes Straßennetz verbunden. Im Klützer Winkel wird es vereinzelt sehr ländlich mit schmalen Straßen. Eine Küstenstraße an der Ostsee entlang gibt es nicht. Von den einzelnen Orten gehen Stichstraßen ans Meer.

Mit Bus & Bahn

Die Region lässt sich auch einigermaßen gut mit öffentlichen Verkehrsmitteln erkunden, wenn man etwas Geduld mitbringt. Größere Orte (Schwerin, Wismar, Grevesmühlen, Bad Kleinen und andere) sind miteinander durch die Bahn verbunden.

Die meisten kleineren Orte werden von Regionalbussen angefahren, manche Dörfer allerdings nur selten.

Von Wismar und Grevesmühlen verkehren Busse nach Boltenhagen und Klütz, von Wismar auch zur Insel Poel. Unbedingt auf die eingeschränkten Fahrzeiten in den Ferien und am Wochenende achten! In der Saison haben viele Busse auch Fahrradanhänger. In Schwerin verkehren neben den Stadtbussen auch Straßenbahnen bis in die Randgebiete.

Fahrpläne und Auskunft

Wismar

Busbetriebe Wismar Regio/Stadt | Tel. (0 38 41) 21 39 68 | www.bbw-wismar.de

Schwerin

Nahverkehr Schwerin | Tel. (03 85) 39 90-222 | www.nahverkehr-schwerin.de

Grevesmühlen und Umgebung

GBB | Tel. (0 38 81) 78 88 10 | www.grevesmuehlenerbusbetriebe.de

Romantische Abendstimmung am Schweriner See mit Blick auf die Stadtsilhouette

Mit dem Schiff

Fahrgastschiffe verkehren in der Saison mehrmals täglich zwischen Wismar und Kirchdorf/Poel, montags auch zwischen Wismar und Boltenhagen. Die Fahrzeit beträgt je circa 1,5 Stunden. Genauso lange dauert die Fahrt von Boltenhagen nach Timmendorf/Poel (nicht täglich). Ab Tarnewitz starten Schiffe zur Seehundsandbank und nach Timmendorf/Poel. Von Gollwitz/Poel fährt wöchentlich eine Fähre nach Rerik.

Hafenrundfahrten in Wismar und Fahrten zur Insel Poel

Adler-Schiffe | Tel. (0 18 05) 12 33 44 | www.adler-schiffe.de

Wismar–Boltenhagen und Poel–Rerik

Fahrgastschifffahrt Wismar/Mecklenburger Bucht | Tel. (03 84 28) 6 36 92 |

Seehundbänke und Poel ab Tarnewitz

MS „Seebär" | Tel. (01 71) 2 80 63 17 | www.ms-seebaer.de

Schwerin

Die *Weiße Flotte* bietet mehrere Verbindungen zu Anlegern im Schweriner See an.

Weiße Flotte Schwerin | Tel. (03 85) 55 77 7-0 | www.weisseflotteschwerin.de

Zu Fuß & mit dem Rad

Der gut ausgebaute Ostseeküsten-Radweg führt direkt an der Küste des Klützer Winkels entlang. Auch im Binnenland gibt es viele gute Radwege, teilweise verlaufen diese aber neben den Hauptstraßen. Einige führen auch über kleine Nebenstraßen oder Feldwege. Genaue Radkarten zur Region sind unter anderem in der Stadtinformation Schwerin (► Seite 115) erhältlich.

Wilde Naturküste und wenig Badetouristen im westlichen Klützer Winkel

Übernachten

Die Ostsee war schon zu DDR-Zeiten begehrtes Urlaubsziel. FDGB-Ferienheime, betriebseigene Bungalows und Zeltplätze bescherten den vornehmlich sächsischen Arbeitern geruhsame Ferien. Viele Häuser besaßen auch zu DDR-Zeiten Ferienwohnungen, im Volksmund als „Sachsenkeller" bezeichnet. Nach der Wende begannen Sanierung und Neubau. Boltenhagen erhielt eine neue Ferienhaussiedlung und mit der *Weißen Wiek* ein hochwertiges Feriendorf mit Hotels und eigener Marina.

Der Klützer Winkel ist reich an Gutshäusern und Schlössern. Zu DDR-Zeiten war weder Geld noch Baumaterial vorhanden, um ihren Verfall zu stoppen. Erst nach und nach werden sie durch neue Besitzer wachgeküsst und größtenteils in liebevoll restaurierte Feriendomizile mit modernen Restaurants verwandelt.

Wer lange im Voraus bucht, hat heute die Qual der Wahl. Von günstig bis teuer, von nobel bis leicht angestaubt ist alles vorhanden. Ferienwohnungen, Apartments, Pensionen, Hotels oder Campingplätze empfangen die Gäste. Auch Kurzentschlossene werden etwas finden, aber vielleicht nicht immer das Wunschobjekt. Seit den letzten Jahren zeichnet sich im Buchungsverhalten ein Trend zu Kurzurlauben ab. Viele Hotels und Pensionen bieten Miniwochen oder auch Einzelübernachtungen an.

Jugendherbergen gibt es in Wismar, Schwerin, Flessenow und Beckerwitz. Campingplätze sind in regelmäßigen Abständen vorhanden. Der Campingplatz in der Wohlenberger Wiek bietet auch Tönnis (große Holzfässer) und Bungalows zur Miete an. Die einzige Campingmöglichkeit auf Poel ist in Timmendorf.

Preissymbole

Unser Preissystem für empfehlenswerte **Hotel-/Ferienzimmer und Ferienwohnungen** (günstigste Wohnung/Doppelzimmer für zwei Personen pro Nacht in der Hauptsaison):

€ = preiswert (bis 75 Euro)
€€ = mittel (bis 120 Euro)
€€€ = exklusiv (über 120 Euro)

Medientipps

Presse

Die **Ostsee-Zeitung** ist die regionale Tageszeitung. In Schwerin erscheint zusätzlich die **Schweriner Volkszeitung**.

Radio & Fernsehen

Die neuesten Nachrichten und Reportagen aus der Region gibt es im öffentlich-rechtlichen **Radio- und TV-Sender NDR** oder im Internet in der NDR-Mediathek.
www.ndr.de

Soko Wismar
Die ZDF-Krimiserie spielt in Wismar. Dafür wird regelmäßig vor Ort gedreht.

Internet

www.mecklenburg-vorpommern.eu und **www.ostseeferien.de**
Aktuelle Meldungen, Verkehrsreport sowie weiterführende Links zur Region und Kultur mit wertvollen Tipps vor der Reise.

www.ostsee-entdecker.de
Die Ostsee für Kinder: Spielend wer-

den Landschaft, Tiere und Pflanzen der Ostsee erklärt.

www.mecklenburg-schwerin.de
Der regionale Tourismusverband informiert über Reiseziele und Sehenswürdigkeiten im Klützer Winkel, Boltenhagen, Wismar und der Insel Poel.

www.schwerin.com
Informationen zu Sehenswürdigkeiten, Veranstaltungen, Unterkünften und mehr in Schwerin.

DVD-Tipp

Martin Poley und Stephan Meyer
Land der Backsteingotik
Für Architekturliebhaber ein Muss. Grandios gemachte DVD mit Fotos, Texten und kunstgeschichtlichen Dokumenten zu 1 300 Kirchen in Mecklenburg-Vorpommern, dazu 650 Orgelbeispiele. Erhältlich in der Nikolaikirche in Wismar.

Buchtipps

Uwe Johnson
Jahrestage 1–4: Aus dem Leben von Gesine Cresspahl
(Suhrkamp)
Der Roman erzählt die geschichtlichen Ereignisse des 20. Jahrhunderts anhand des Lebens von Gesine Cresspahl, die aus dem fiktiven Dorf Jerichow nach New York auswandert. Die Beschreibungen Jerichows passen auf Klütz.

Birgitt Lohmeyer
Sokops Rache
(Hinstorff)
Spannender Krimi über einen zu Unrecht verurteilten Vatermörder. Der Roman beginnt mit seiner Entlassung und der Suche nach dem wahren Täter. Wismar und Umgebung dienen als Kulisse, werden jedoch nur spärlich eingebunden.

André Bawar
Wismarbucht
(Emons)
Ein abgetrennter Kopf dümpelte neben dem Boot der Fischverkäuferin Lotte Nannsen. Die Polizei ist schnell vor Ort und begibt sich auf Spurensuche im Wismarer Hafen. Atmosphärische Beschreibungen und skurrile Charakterisierungen.

Jochen Bahr
Schweriner Rochade
(Principal)
Der originelle Krimi spielt im politischen Milieu Schwerins. Für den Bau eines Einkaufszentrums sollen historische Gebäude abgerissen werden. Der Mord an der Vorsitzenden der Bürgerinitiative und einer weiteren Person bringt einige Intrigen und Vertuschungen zum Vorschein.

Tilman Schuppius
Fischbrötchenreport
(Tilman Schuppius Verlag)
Lockere Texte beschreiben das Angebot, erzählen kleine Geschichten und Besonderheiten der Fischbuden. Am Anfang steht eine kleine Fischkunde mit dem passenden Bier, am Ende Tipps zum Räuchern.

Schweriner Küchenzauber
(Hinstorff)
Ein schönes regionales Koch- und Backbuch mit Anekdoten und Lieblingsrezepten der lokalen Prominenz. Von Manuela Schwesig beispielsweise erfährt der Leser, wie sie Forelle in Sahnesauce kocht.

Fritz Reuter
Das Leben auf dem Lande
(Manuscriptum)
Amüsante Schilderungen des ländlichen Lebens der Gesellschaftsschichten im 19. Jahrhundert.

Auch im Hochsommer nicht überlaufen: die Küste bei Groß Schwansee

Die schönsten Strände

Wo die besten Strände sind, ist nicht einfach festzulegen, gibt es doch etliche schöne Strandabschnitte. Ganz oben spielt auf jeden Fall der fünf Kilometer lange Strand von **Boltenhagen** mit. Der watteweiche, feinsandige Strand ist herrlich breit, kann zur Saison allerdings ziemlich voll werden. Jeweils am Ende liegen die FKK- und Hundebereiche.

Die **Insel Poel** bietet ausgedehnte, einsame Ostseestrände. Zwischen Timmendorf und Am Schwarzen Busch erstreckt sich ein breiter Strand. Für etwas Ruhe braucht man sich nur ein wenig von den Dörfern zu entfernen. Der Einstieg ins Wasser verläuft sehr flach.

In **Gollwitz** ist das Wasser bis zur vorgelagerten Vogelinsel Langenwerder nur knietief. Ein perfekter Strand für Kinder. In der **Wismarbucht** ist der zum Campingplatz Zierow gehörende, circa 200 Meter lange Strand ebenfalls sehr flach. Auch hier können Kinder unbedenklich im Wasser spielen. Östlich und westlich davon wird der Strand sehr schmal und ist größtenteils bewachsen. In der **Wohlenberger Wiek** gibt es einen Strand direkt am Campingplatz Beckerwitz. Das Wasser ist flach, hat jedoch einen leicht steinigen Einstieg. Nach Osten schließt eine bewachsene Steilküste an. Der südliche Teil der Wohlenberger Wiek wird von einem breiten, schönen Sandstrand gesäumt. Eine Baumreihe zwischen Straße und Strand spendet etwas Schatten. Parkplätze befinden sich direkt hinter dem Strand. Auch hier besteht aufgrund des flachen Wassers keine Gefahr für Kinder. Die **Weiße Wiek** besitzt einen künstlich aufgeschütteten, etwas kiesigen Strand.

An den Naturstränden und Steilküsten des nördlichen **Klützer Winkels** gibt es nur wenig Badetrubel. Hunde können sich hier überall austoben, Rettungsschwimmer und Kurtaxe gibt es nicht. In **Steinbeck** führt ein Weg vom Parkplatz, vorbei an

Kletterspaß im Hafen von Timmendorf-Strand (Insel Poel)

einem rauschenden Bach, hinunter zu dem teils steinigen Naturstrand. Nicht ideal zum Baden, aber zum Entspannen wunderbar. In **Warnkenhagen** gibt es wieder schönen Sandstrand. Dahinter verläuft der Küstenwald. **Brook** und **Groß Schwansee** besitzen breite, feinsandige Strände. Wer einsame Strände sucht, ist hier genau richtig.

Kinder

Hauptattraktion für Kinder sind natürlich die schönen, flach abfallenden **Strände** an der Küste.

Abwechslung und Schlechtwetteralternativen: Schwerin und Wismar haben jeweils einen **Tierpark.** In Schwerin sogar mit Giraffen, Bären, Löwen und Pinguinen. In Wismar geht es etwas heimischer zu, mit der putzigen Familie Maus, Luchs und Mufflon. Das **Spaßbad Wonnemar** in Wismar ist bei Kindern besonders wegen der sechs unterschiedlichen Rutschentypen beliebt. Die Eltern erfreuen sich eher an der großzügigen Saunalandschaft und den Gesundheitsbädern. Das **phanTECHNIKUM** in Wismar stellt die Industriegeschichte Mecklenburg-Vorpommerns sehr anschaulich dar. Viele Mitmach-Stationen zu den Elementen Wasser, Luft und Erde wecken das Interesse der Kleinen. Im **Indoorspielplatz Mumpitz** in Wismar sorgen Trampoline, Kletterwand und Labyrinth für Abwechslung.

Auf der Insel Poel gibt es am Strandort Am Schwarzen Busch den **Indoorspielplatz Poeler Piratenland** mit mehreren Rutschen, einem Kletterturm und Tischkicker. In Strandnähe finden sich fast überall schöne Außenspielplätze. Im Hafen in Timmendorf-Strand lädt ein **Holzschiff** zur Klettertour, am dortigen Zeltplatz sorgt eine **Minigolfbahn** für Spaß.

In Boltenhagen ist bei den Kindern die von der Tourist-Info angebotene **Piratenführung** sehr beliebt. In Kirchdorf auf Poel werden regelmäßig **Puppenspiele** aufgeführt.

Wissenswertes von A–Z

Apotheken
Diese gibt es in Klütz, Boltenhagen und Grevesmühlen; auf Poel nur in Kirchdorf. Und natürlich in Wismar und Schwerin.

Geldautomaten
Geldautomaten gibt es in Bad Kleinen, Boltenhagen, Dorf Mecklenburg, Grevesmühlen, Klütz und Kirchdorf. Weitere Bankfilialen in Schwerin und Wismar. Bei Kartenverlust: Tel. 11 61 16

Handy-Empfang
In Wismar und Schwerin gibt es guten Handyempfang und mobiles Internet. Das Handynetz ist auch in den Küstenorten stabil, nur in sehr ländlichen, abgelegenen Orten nimmt es ab.

Kurtaxe
In den meisten Ostseebädern wird eine Kurtaxe erhoben. Übernachtungsgäste zahlen direkt beim Vermieter, Tagesgäste zahlen bei der Strandnutzung. Dafür stehen an den Stränden Automaten zur Verfügung, in Boltenhagen kassieren die Strandkorbvermieter die Gebühr. Die Tagesgebühren schwanken zwischen 2€ und 2,50€, Kinder bis 16/18 Jahre zahlen nichts.

Notfallnummern
Polizei: 110
Feuerwehr/Rettungsdienst: 112
Pannennotruf des ADAC:
Tel. (0 18 02) 22 22 22
Giftnotrufzentrale:
Tel. (03 61) 73 07 30

Nützliche Adressen
Aktuelle Informationen halten die Tourist-Informationen der einzelnen Orte bereit. Die Adressen stehen in den jeweiligen Kapiteln. Ansprechpartner für die gesamte Region Nordwestmecklenburg ist der Tourismusverband Mecklenburg-Schwerin e. V. (www.mecklenburg-schwerin.de) sowie der Verband Mecklenburgische Ostseebäder e. V. (www.ostseeferien.de) und der Tourismusverband Mecklenburg-Vorpommern e. V. (www.auf-nach-mv.de).

Parken
In Schwerin und Wismar gibt es rund um die verkehrsberuhigten Stadtkerne fast ausschließlich Anwohnerparkplätze, deswegen empfiehlt es sich, in ein Parkhaus oder auf einen kostenpflichtigen Parkplatz zu fahren.

In Boltenhagen können im Hochsommer durchaus alle Plätze belegt sein. Daher gibt es ein Park & Ride System vor der Ortseinfahrt mit regelmäßigem Shuttlebus ins Zentrum. Entlang der Wohlenberger Wiek zieht sich ein breiter, kostenpflichtiger Parkplatzstreifen. Auf der Insel Poel befinden sich die kostenpflichtigen Parkplätze ein Stück vom Strand entfernt. Andere Parkmöglichkeiten gibt es aber kaum.

Tanken
Tankstellen findet man in Wismar, Schwerin, Klütz, Grevesmühlen und Dassow. Auf Poel gibt es keine Tankstelle.

Hafenidylle auf der Insel Poel ▸ Seite 68

Orte & Landschaften

Wismar & Umgebung

Die Altstadt von Wismar gehört zu den schönsten und besterhaltenen historischen Stadtkernen Deutschlands und ist damit völlig zu Recht seit 2002 UNESCO-Welterbe.

Wismar

Mit seinen prachtvollen Giebelhäusern, den monumentalen Backsteinkirchen und den Fischerbooten im Alten Hafen vermittelt Wismar bis heute den Eindruck einer spätmittelalterlichen Hansestadt. Dabei herrscht in den Altstadtgassen gerade im Sommer viel Trubel – auch dank der vielen Restaurants und Cafés, wo sich Jung und Alt treffen.

Highlights

★ **Der Markt:** Einer der größten Marktplätze Norddeutschlands

★ **Alter Hafen:** Herrliche Flaniermeile zwischen Fischkuttern und Speichern

★ **Nikolaikirche:** Imposantes, dreischiffiges Meisterwerk der Spätgotik

Das einzigartige **Altstadt-Ensemble** mit über 300 historischen Stadthäusern wurde – und das absolut zu Recht – im Jahr 2002 zusammen mit der Altstadt von Stralsund in die UNESCO-Welterbeliste aufgenommen. Einen Spaziergang durch dieses Stück lebendige Geschichte sollte man sich nicht entgehen lassen.

Besonders eindrucksvoll ragen die zwei mächtigen backsteinernen **Kirchen St. Georgen** und **St. Nikolai** und der Turm der zerstörten **Marienkirche** in den Himmel. Sie sind Symbole für Macht und Reichtum der Stadt zur Zeit der Hanse und bei weitem nicht die einzigen Zeugen der Backsteingotik. Rund um den riesigen Marktplatz entspinnt sich ein Gassengeflecht, das den Orientierungssinn auf die Probe stellt. Die mittelalterlichen Straßenzüge verlaufen oft schräg oder bogenförmig. Wer nicht aufpasst, wird sich schnell verlaufen – ein Stadtplan ist auf jeden Fall empfehlenswert (▸ Umschlagklappe vorn). Ansonsten weist in der 44 500 Einwohner zählenden Stadt aber meist auch eine Kirchturmspitze den Weg.

Auch die kleineren Nebenstraßen mit ihren schmucken Häuschen, offenen Plätzen und liebevoll eingerichteten Cafés und Restaurants verdienen Beachtung.

In den Sommermonaten unternehmen neben den Wismarern viele Urlauber einen Einkaufsbummel durch die Wismarer Altstadt. Rudolph Karstadt wäre bestimmt erfreut, dass sein 1881 in der Krämerstraße eröffnetes Geschäft als Karstadt-Warenhaus noch heute Kundschaft empfängt (▸ Seite 56).

Lebhaft geht es auch im **Alten Hafen** zu. Das Hafenbecken stammt noch aus der Hansezeit. Die Seefahrer legten hier am südlichsten Zipfel der weit eingeschnittenen Wismarbucht an. Heute starten Ausflugsdampfer in die Bucht, und an der Hafenpromenade ankern Fischkutter, die geräucherte Delikatessen verkaufen. Auch die umliegenden Restaurants servieren bevorzugt Frisches aus der Ostsee. Diese Gelegenheit für fangfrischen Fisch sollte man sich nicht entgehen lassen.

◂ *Der Alte Hafen von Wismar mit Fischerbooten und Speichern bietet eine schöne Promenade zum Flanieren*

Steckbrief: Wismar

Gründung: 1229
Verwaltung: Wismar ist Kreisstadt von Nordwestmecklenburg
Einwohner: 44 500
PLZ: 23966
Telefon-Vorwahl: 0 38 41
Fläche: 41,36 km^2
Wirtschaft: Größter Arbeitgeber mit 1 500 Beschäftigten ist die *MV WERFTEN GmbH*. Zweit- und drittgrößte Arbeitgeber sind zwei holzverarbeitende Betriebe mit 850 bzw. 650 Beschäftigten.
Hochschule: Die Fachhochschule Wismar hat die Schwerpunkte Technik, Wirtschaft und Gestaltung. In drei Fakultäten sind 8 400 Studenten eingeschrieben, davon 4 950 Fernstudenten.
Einkommen: 2016 betrugen die Bruttolöhne bezogen auf Gesamt-Nordwestmecklenburg im Schnitt 26 682 Euro (= 80,1 % des deutschen Durchschnittslohns).
Arbeitslosenquote: 8,3 % (2018)

Wismars Anfänge

Wismars Geschichte ist geprägt von der Hansezeit. Die Wismarer Kaufleute spielten im einträglichen Konzert des Ost-West-Handels auf der Ostsee mit, wenn auch nicht als erste Geige unter den Handelsstädten.

Die früheste urkundliche Erwähnung Wismars geht auf das Jahr 1229 zurück, eine Zeit, in der auch andere spätere Hansestädte wie Rostock und Stralsund nach dem Vorbild des älteren Lübecks gegründet wurden.

Die ersten Wismarer waren Schiffer und Fischer. Sie ließen sich nahe des Hafens nieder und errichteten zwei Siedlungen um die späteren Kirchen St. Nikolai und St. Marien. Im Schatten der Marienkirche und um den Marktplatz gründeten dann vor allem Kaufleute und Handwerker ihre Wohnstatt. Bereits 1238 schlossen sich beide Flecken zusammen und zogen zum gemeinsamen Schutz einen Palisadenzaun mit Graben und Wall um die Ansammlung von Lehmhütten und einfachen Fachwerkhäusern. Bauten aus Feld- und Backstein kamen erst im letzten Drittel des 13. Jahrhunderts auf.

Siedler aus Westfalen, Niedersachsen, Holstein und der Mark Brandenburg strömten in den dünn besiedelten Osten, da in ihrer Heimat das Ackerland knapp geworden war.

Im Jahr 1250 wurde die schon zu klein gewordene Stadt erneut erweitert. Rund um die Kirche St. Georgen schoss die Neustadt aus dem Boden. Mit der Verleihung des Lübischen Stadtrechts im Jahr 1266 durch Heinrich I. erhielten Wismars Bürger das Markt- und Münzrecht, aber auch Zollfreiheiten und die Möglichkeit, Verteidigungsanlagen zu errichten. 1276 begannen die Arbeiten an der bis zu vier Meter hohen Stadtmauer, die schließlich bis ins 18. Jahrhundert die Stadtgebietsgrenze bildete.

Wismarer Kaufleute holten Stockfisch und Pelze aus Norwegen, Hering aus Dänemark und hochwertige Waren wie feine Tuche oder Wein aus Lübeck und Flandern für den heimischen Markt, der auch das riesige Hinterland mitversorgte. Im Gegenzug exportierte Wismar Getreide, grobe Leinenstoffe und vor allem Bier, das in knapp 200 Brauereien hergestellt wurde.

Hansestadt der ersten Stunde

Seeräuber, aber auch die Handelsnationen Dänemark, Holland und England bedrohten den Seehandel der deutschen Kaufleute und damit auch die Wirtschaftsbasis ihrer Städte. Aus diesem Grund fanden sich 1259 zunächst Lübeck, Rostock und Wismar zur Deutschen Hanse zusammen. Bald sollten über 100 weitere Städte in diesen losen Bund folgen.

Längst ging es nicht mehr nur um den Schutz von Schiffen und Besatzung, sondern vor allem um gemeinsame Handelsgesetze für Preise, Mengen, Warenqualität und Schadensersatz. Kaufleute brauchten ihre Waren nicht länger auf langen Seereisen zu begleiten und konnten sich stattdessen in ihren Stadtkontoren niederlassen und viele Handelsgeschäfte gleichzeitig einfädeln. So vervielfachte sich die Wirtschaftsleistung der Hansestädte.

Der neue Reichtum lässt sich heute vor allem in der Backsteinarchitektur der Kaufmannshäuser und den Stadtkirchen ablesen, die im 14. und 15. Jahrhundert als Prestigebauten errichtet wurden. Selbst mehrere Stadtbrände und die Pest, die Wismar 1350 und 1376 erreichte und dabei mehr als die Hälfte der Bevölkerung dahinraffte, schmälerten den allgemeinen Wohlstand nicht.

1401 wurde in Hamburg durch das Schwert die Piratenkarriere des Klaus Störtebeker beendet. Der wahrscheinlich in Wismar Geborene wird gerne als gerechter Seeräuber dargestellt. Er gehörte den Likedeelern (niederdeutsch für Gleichteiler) an. Gestützt vom Mecklenburgischen Herzog kaperten sie dänische Schiffe in der Ostsee und durften die Waren in Wismar anlanden und verkaufen. Ärger kam erst auf, als sie zunehmend Schiffe der Hanse überfielen und der Handel in Gefahr geriet. Hamburg und Lübeck wehrten sich. Gefangene Piraten wurden mit dem Tod bestraft.

Mit dem Erstarken der europäischen Fürstenhäuser und der Ent-

Grundriss der Stadt und Festung Wismar

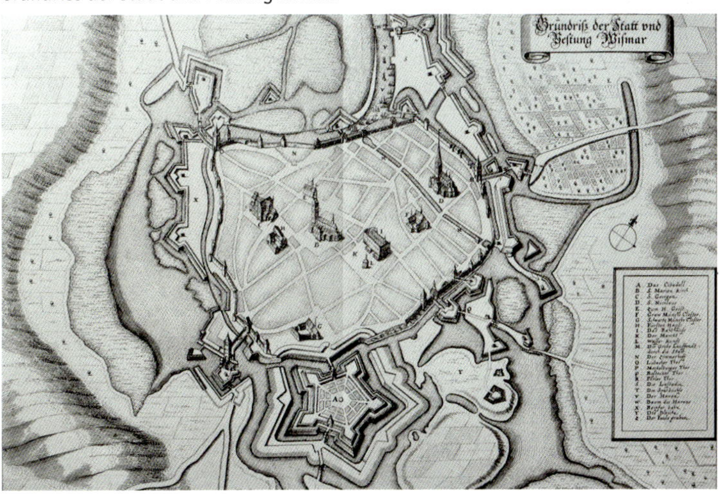

deckung neuer Handelswege nach Amerika und Indien schwand die Bedeutung der Hanse. So versiegte seit dem 16. Jahrhundert die Quelle des Reichtums und die Bevölkerung verarmte und schrumpfte.

Die Schweden in Wismar

Im Dreißigjährigen Krieg stießen die Schweden auf deutsches Territorium vor und nahmen 1632 Wismar ein. Fortan bauten sie die Stadt zu ihrem wichtigsten Flottenstützpunkt an der südlichen Ostsee aus. Die Bevölkerung ächzte unter den finanziellen Zwangsabgaben und Pflichtdiensten beim Festungsbau.

Von 1672 bis 1700 wurde Wismar zu Europas größtem Verteidigungsbollwerk mit zwei Zitadellen und 18 Bastionen hochgerüstet. Die Insel Walfisch in der Hafenzufahrt erhielt ein seeseitiges Fort, das bis an die Zähne bewaffnet war.

Den Nachbarn, allen voran den Dänen und Brandenburgern, war Wismar ein Dorn im Auge. Sie argwöhnten weitere Expansionspläne der schwedischen Krone auf dem Kontinent. Im Nordischen Krieg musste Schweden die Stadt an eine übermächtige Allianz herausrücken – und erhielt sie unter der Auflage zurück, die mächtigen Mauern samt der Insel Walfisch zu schleifen. Nur das städtische Waffenarsenal (Zeughaus), das Kommandantenhaus und zwei Kanonen auf dem Marktplatz zeugen noch vom schwedischen Militärapparat.

Mit dem Verlust der strategischen Bedeutung und der bröckelnden Macht der Schweden im 18. Jahrhundert fiel Wismar in einen Dornröschenschlaf, aus dem es erst 1803 erwachte. Die Schweden gaben die Stadt an das Herzogtum Mecklenburg zurück – zunächst als Pfand, 100 Jahre später dann endgültig.

Aufschwung im 19. & 20. Jahrhundert

Das 19. Jahrhundert brachte neuen Aufschwung für die Städte Mecklenburgs. Mit der Aufhebung der Leibeigenschaft flüchtete die verarmende Landbevölkerung – wenn nicht nach Amerika, so doch in die Städte. Die industrielle Revolution gab neue wirtschaftliche Impulse. Der Anschluss Wismars ans Bahnnetz im Jahr 1848 und der Ausbau der Fernstraßen nach Lübeck, Schwerin und Rostock brachten eine Wiederbelebung als maritimer Umschlagplatz. Es entstanden Sägewerke, eine Papier- und Waggonfabrik.

Die Gründung der Ingenieurakademie im Jahr 1908 machte Wismar zu einem der wenigen Technologiestandorte Mecklenburgs. Die Arbeiterschaft wurde zu einem bestimmenden Teil des Wismarer Wirtschaftsaufschwungs, der nach dem Ersten Weltkrieg und den folgenden Wirtschaftskrisen zunächst ins Stocken geriet. Die Rüstungspolitik der Nationalsozialisten machte Wismar dann zu einem Schwerpunkt für Flugzeugbau – eine unheilvolle Entwicklung, die ihren traurigen Schlusspunkt mit der Bombardierung am 14. und 15. April 1945 fand – der heftigsten von insgesamt zwölf alliierten Luftangriffen auf die Stadt. Dabei wurde das Gotische Viertel rund um die Marienkirche in Schutt und Asche gelegt, 325 Menschen ließen dabei ihr Leben. 15 Prozent der Wohnungen waren nach Kriegsende zerstört.

Nachdem Kanadier und Briten die Stadt am 2. Mai einnahmen, wechselte die Besatzung am 1. Juli an die Sowjetarmee. Die Sowjets veranlassten den Ausbau der kleinen Wismarer Werft zum großen Volksbetrieb, aus dem die *Mathias-Thesen-Werft* mit 7 000 Arbeitern hervorging.

Der Hafen entwickelte sich zum wichtigsten Umschlagplatz der DDR für Kalium und andere Düngemittel.

Der Ausbau der Stadt – die sich bis 1989 auf 58 000 Einwohner vergrößerte – konzentrierte sich auf den Wohnungsneubau nach sozialistischer Prägung an den Stadträndern. Die Altstadt wurde vernachlässigt und das im Krieg beschädigte Schiff der Marienkirche 1960 gar gesprengt. Die Deutsche Wiedervereinigung 1990 und das Aufbauprogramm Ost kamen gerade noch rechtzeitig, um die vom Einsturz bedrohte Backsteinarchitektur zu retten. Das aufwendige Städtebauprogramm brachte der Stadt schließlich den UNESCO-Welterbetitel im Jahr 2002 ein.

Wismarer Straßennamen

In Wismar lohnt der Blick auf **Straßennamen**, denn die sind oft ebenso einzigartig wie skurril. Zu nennen wäre die *Altböterstraße*. Der Name kommt von den Flickschustern, die hier „alte Botten" reparierten, aber nicht das Recht hatten, neue Schuhe herzustellen. In der *Bademutterstraße* lebten einst die Hebammen. Auch die *Sargmacherstraße* bezeichnet eine Zunft, wohingegen die Bezeichnung *Glatter Aal* hinter der Georgenkirche nicht eindeutig geklärt ist. Der Weg trägt den Namen seit dem 15. Jahrhundert und es ist vermutlich eine Anspielung auf den glitschigen Untergrund. Gern fotografiert wird das Straßenschild mit der Aufschrift *Tittentasterstraße*. Hier war früher ein Durchgang vom Markt (am heutigen Hotel Hamburg) zur *Diebstraße*. Er soll so eng gewesen sein, dass sich zwei entgegenkommende Passanten berühren mussten, um aneinander vorbeizukommen.

Sehenswertes in Wismar

Orientierung: Ein guter Ausgangspunkt für einen Stadtrundgang ist die Gegend um den Bahnhof und Busbahnhof nordöstlich der Altstadt. Hier gibt es (nahe Busbahnhof) auch größere Parkplätze. Der folgende Rundgang führt vom (Bus-)Bahnhof durch die Altstadtgassen zum Markt, durch das Gotische Viertel, die Neustadt und zum Alten Hafen.

★ Altstadt

Wer vom Bahnhof über die Hundestraße oder Mühlengrube die Altstadt betritt, wird gleich mit dem typischen Kopfsteinpflaster vertraut gemacht, das noch in vielen Straßen erhalten ist. Besonders auf dem Markt liegen die Steine ziemlich grob und weit auseinander – hübsch anzusehen, aber für Fahrradfahrer und Hackenschuhträger ein Graus.

Das erste imposante Bauwerk ist die dreischiffige **Nikolaikirche** (▸ Seite 58), erbaut zwischen 1380 und 1487. Mächtig ragt die rote Fassade mit den Spitzbogenfenstern, Strebepfeilern und -bögen empor. An der Westseite steht der 64 Meter hohe Kirchturm.

Vor der Kirche verläuft eine Allee mit knorrigen Linden parallel zum Stadtkanal **Frische Grube.** Der Wasserlauf speist sich aus dem östlich gelegenen Mühlenteich und wurde bereits im 13. Jahrhundert künstlich erweitert, sodass er für den Transport von Waren und zur Wasserversorgung geeignet war.

An der nächsten Ecke führt die **Schweinsbrücke** über die Grube. Auf der gegenüberliegenden Seite steht das 1571 erbaute **Schabbellhaus,** das sich nicht nur wegen seiner reich dekorierten, roten Backsteinfassade von den übrigen Häusern abhebt, sondern auch wegen des Giebels, der nicht wie bei den anderen Häusern zur Schweinsbrücke zeigt: Selbstbewusst wendet er sich der Marienkirche zu. Bauherr war der wohlhabende Kaufmann und spätere Bürgermeister Heinrich Schabbell. Er beauftragte den Utrechter Philipp Brandin mit dem Bau und brach durch den niederländischen Baustil bewusst mit den damaligen Konventionen. Die prunkvolle Renaissancefassade signalisierte: Wer so ein Haus bewohnte, musste in der Stadt etwas zu sagen haben. Heute befindet sich dort und im Nachbarhaus das Stadtgeschichtliche Museum Schabbell (www.wismar.de/schabbell).

Die **ABC-Straße** führt weiter Richtung Markt. Der Name stammt aus dem 16. Jahrhundert, als hier einfachste, ärmliche Behausungen standen, die keine Ziffern, sondern Buchstaben zur Kennung erhielten.

An der Fußgängerzone rechts abgebogen und gleich wieder links erreicht man den Markt.

★ Markt

Dort angekommen, beeindruckt die enorme Größe des Platzes von 100 mal 100 Metern. Damit zählt er zu den größten Marktplätzen Norddeutschlands. Obwohl parkende Autos oft den Gesamteindruck stören, eröffnet sich einem ein wunderschönes Panorama auf Kaufmannshäuser und Bauwerke unterschiedlichster Epochen.

Der auffällige, runde Pavillon mit Kupferdach und kleinem Türmchen an der Südostecke des Marktes ist die **Wasserkunst,** das Wahrzeichen der Stadt. Die Wismarer Wasserkunst ist ein kunstvoll gestaltetes Schöpf-

und Pumpwerk, das die Einwohner mit Wasser versorgte. Zwischen 1580 und 1602 wurde die verspielte Anlage im Stil der niederländischen Renaissance nach Plänen von Philipp Brandin, der auch das Schabbellhaus (▸ Seite 64) entworfen hatte, errichtet. Der bis dato betriebene, einfache Holzbrunnen war der steigenden Bevölkerungszahl und dem großen Wasserbedarf – besonders durch die Bierbrauereien – nicht mehr gewachsen. 1897 bekam die Stadt eine modernere Wasserversorgung, womit die fast 300-jährige Dienstzeit der Wasserkunst endete.

An der Ostseite des Marktplatzes fallen drei Giebelhäuser besonders ins Auge. Die neogotische Fassade des **Restaurants Seestern** wurde 1900 mit Jugendstilornamenten bemalt. Das Gasthaus **Alter Schwede** daneben ist das älteste Haus von Wismar. Ein Hingucker ist der backsteinerne Stufengiebel mit wechselnden glasierten und unglasierten Steinen, Schmuckfenstern und vier kleinen Türmchen. Das 1380 von einem Kaufmann errichtete Vorderhaus wurde ursprünglich gewerblich genutzt, in den darüberliegenden Speichergeschossen lagerten Waren. 1878 eröffnete das Restaurant *Zum Alten Schweden*, das wegen baulicher Mängel 1977 schließen musste. Noch zu DDR-Zeiten erfolgte eine denkmalgerechte Sanierung des

Wahrzeichen Wismars: die Wasserkunst auf dem Markt

Historische Giebelhäuser zieren Wismars Straßenzüge

Gebäudes. 1989 konnte wieder ein Restaurant in die historischen Mauern einziehen.

Das **Reuterhaus** an der Ecke mit gelber Fassade und weißen Schmucksteinen ehrt den plattdeutschen Schriftsteller Fritz Reuter. Der Verleger D. C. Hinstorff bezog 1848 mit seinem Verlag das Haus und nahm elf Jahre später Reuter unter Vertrag. Während seiner Wismaraufenthalte nächtigte der Schriftsteller dort. Das im Krieg unversehrte Haus verfiel im Laufe der Zeit vollständig, sodass es 1988 abgetragen und nach historischem Vorbild wieder aufgebaut wurde. Heute beherbergt es ein Hotel.

Die Nordseite des Marktes prägt das **Rathaus** mit seiner klassizistischen Fassade. Der Ludwigsluster Hofbaumeister J. G. Barca erbaute es 1819 auf den Grundmauern eines spätgotischen Vorgängerbaus, der nach 450-jähriger Nutzung einstürzte. Nur die Gerichtslaube und die Kellergewölbe blieben erhalten. Letztere beherbergen eine Ausstellung zur Stadtgeschichte (▸ Seite 64).

An der südlichen Marktseite fällt vor allem das rot-weiße **Kommandantenhaus** mit seinen zwei Giebeln auf. Die Fassadengestaltung im Stil der niederländischen Renaissance geht zurück auf Heinrich Thormann, der die Umgestaltung erst im 19. Jahrhundert vornahm. Im Dreißigjährigen Krieg residierte dort der schwedische Stadtkommandant der Besatzungsmacht.

Das Haus an der Südwestseite des Marktplatzes mit der Uhr in der Fassade wurde um 1858 im Stil der englischen Tudorgotik erbaut. Die zwei Kanonen vor dem Eingang stammen aus der Schwedenzeit.

Gotisches Viertel

Am südwestlichen Ende des Marktes führt die Sargmacherstraße in das **Gotische Viertel,** das 1945 bei einem

Bombenangriff schwer gelitten hatte. Am Straßenende liegen die Grundmauern der einstigen **Marienkirche.** Das mächtige, dreischiffige Gotteshaus wurde in der Bombennacht stark beschädigt, aber nicht vollends zerstört. 1960 wurde die Marienkirche aber wegen vermeintlicher Einsturzgefahr gesprengt. Nur der 80 Meter hohe **Kirchturm der Marienkirche** (▸ Seite 59) blieb wegen seiner Bedeutung als Seezeichen stehen. Die Grundmauern des Kirchenschiffes wurden freigelegt und ansatzweise wieder aufgemauert, um die einstige Dimension zu verdeutlichen. In der Turmhalle im Erdgeschoss informiert eine Ausstellung über die Backsteingotik.

Schräg gegenüber steht im Sankt-Marien-Kirchhof 3 an der Ecke zur Sargmacherstraße eines der schönsten Beispiele der Norddeutschen Backsteingotik: das **Archidiakonat** aus dem 15. Jahrhundert, das als Verwaltungs- und Wohngebäude des bischöflichen Vertreters diente. Die reich verzierten Backsteinfassaden, die Spitzbogenfenster und der Staffelgiebel wurden 1945 und später bei der Kirchsprengung stark beschädigt, daraufhin in Teilen abgerissen und 1961 wieder aufgebaut.

Nicht wieder aufgebaut wurde die **Alte Schule,** die 1945 ein Opfer der Bomben wurde. Einen Eindruck von den wertvollen Grundmauern kann man heute unter dem schwarzen Kasten bekommen, der vorübergehend zum Schutz aufgestellt wurde. Das weiße Gebäude dahinter in der Kellerstraße war die einzige **Jugendarrestanstalt** Mecklenburg-Vorpommerns. Das einstige Armenhaus von 1890 wurde seit 1935 als Gefängnis genutzt. Für die bis zu 16 Insassen dauerte der Arrest maximal vier Wochen.

Neustadt

Richtung St.-Georgen-Kirche zieht die üppig gestaltete Fassade des **Fürstenhofs** alle Blicke auf sich. Ganz im Stil der italienischen Renaissance sind die Schmuckelemente aus Terrakotta und Kalkstein gefertigt. Der Kalksteinfries zeigt den Trojanischen Krieg.

Der Gebäudekomplex wurde 1555 anlässlich der Fürstenhochzeit von Albrecht I. mit der preußischen Prinzessin Anna Sophia erbaut. Der Kalksteinfries im Innenhof zeigt das Gleichnis vom verlorenen Sohn, der Terrakottafries ist von Portraitmedaillons geschmückt. Über dem Torbogen erschlägt David den Riesen Goliath. Die unterschiedliche Farbgestaltung der Fassade spiegelt den Geschmack verschiedener Epochen wider. Der kleine rot-weiß-blaue Teil war in der Renaissance modern, der überwiegend gelbe Teil kennzeichnet den Geschmack des 19. Jahrhunderts. Das spätgotische Backsteinhaus gehört ebenfalls zum Fürstenhof. Heute befindet sich hinter den Mauern das Amtsgericht.

Nur durch die Bliedenstraße vom Fürstenhof getrennt, reckt sich die jüngste gotische Backsteinkirche **St. Georgen** (▸ Seite 59) in den Himmel. Der Bau der einstmals größten Kirche Wismars begann bereits im 13. Jahrhundert und dauerte 300 Jahre. Im Zweiten Weltkrieg wurde sie stark zerstört, der Wiederaufbau begann 1990 und ist weitgehend abgeschlossen. Heute wird die Kirche für kulturelle und geistliche Veranstaltungen genutzt.

Über die Große Hohe Straße gelangt man an der Ecke Lübsche Straße zur **Heiligen-Geist-Kirche.** Das Kirchengebäude aus dem 13. Jahrhundert wurde als Spital an den Rand der Altstadt gebaut.

Rudolph Karstadt

Der gelernte Einzelhandelskaufmann **Rudolph Karstadt** eröffnet 1881 in Wismar sein erstes „Tuch-, Manufactur- und Confektionsgeschäft“. Heute ist das Karstadt-Stammhaus in der Lübschen Straße in Wismar mit seinen 3 100 Quadratmetern Verkaufsfläche das kleinste der 82 Warenhäuser.

Rudolph Karstadts Konzept war seinerzeit revolutionär: Statt, wie bis dato üblich, die Preise von Waren immer neu zu verhandeln, bot Karstadt günstige Festpreise gegen Barzahlung an. Das Geschäftsmodell war so erfolgreich, dass bereits 1884 die zweite Filiale in Lübeck eröffnet wurde.

Mit Übernahme des Unternehmens Althoff wurde der Konzern in eine Aktiengesellschaft umgewandelt und das Filialnetz wuchs bis 1931 auf 89 Häuser mit 30 000 Mitarbeitern an. Die Weltwirtschaftskrise schmälerte allerdings die Einnahmen dramatisch und führte auch zu herben Verlusten des Privatvermögens von Rudolph Karstadt. 1932 verlässt er das Unternehmen und lebt bis zu seinem Tod 1944 in Schwerin.

Nach dem Zweiten Weltkrieg wurden die 22 Filialen in der sowjetischen Besatzungszone enteignet. Im Westen hatten 30 von 45 Häusern starke Kriegszerstörungen erlitten. Doch mit den Wirtschaftswunderjahren erlebte auch Karstadt seinen Aufschwung.

Zum 100. Jubiläum 1981 arbeiteten in 155 Warenhäusern 75 000 Menschen. Mit der Wiedervereinigung knüpfte Karstadt an seine Wurzeln an und zog wieder in das einstige Karstadt-Stammhaus in Wismar.

Im Stammhaus gibt es eine Mini-Ausstellung zu Rudolph Karstadt

Im Alten Hafen liegen auch heute noch Fischkutter vor Anker

Die **Lübsche Straße** Richtung Osten ist die Einkaufsmeile von Wismar. Hier befindet sich auch die Tourist-Information (▸ Seite 60) und, in dem mittelalterlichen Giebelhaus direkt daneben, das **Welterbe Besucherzentrum.** In der Ausstellung wird die lange Geschichte Wismars lebendig. Im Erdgeschoss ziert eine Intarsie des Stadtgrundrisses den Fußboden. Um sie herum informieren Hörstationen, Filme, Texttafeln und Bilder über die Stadtgeschichte (Lübsche Straße 23, tgl. 9–17, Okt.–März 10–16 Uhr).

An der Ecke zur Krämerstraße steht das fensterreiche, im Jugendstil errichtete **Karstadt-Stammhaus** (▸ Seite 64). Schräg gegenüber zieht die rot-weiße **Ratsapotheke** mit ihren Stufengiebeln und der neogotischen Fassadengestaltung von 1902 den Blick auf sich. Über die Krämer- und die Bohrstraße, die von eindrucksvollen Speicher- und Kaufmannshäusern gesäumt sind, gelangt man zur **Frischen Grube.** Links herum führt sie zum Hafen. Auf dem Weg dorthin lohnt noch ein Abstecher in den **Ziegenmarkt** und in die **Speicherstraße,** wo viele kleine, liebevoll hergerichtete Häuser dicht an dicht stehen.

Das markante rote Fachwerkhaus am Ende der Grube, **Gewölbe** genannt, stammt aus dem 17. Jahrhundert. Es gehörte bis 1823 der Stadt. Hier wurden im Hafen angelieferte Weine auf ihre Qualität geprüft, bevor sie in das Rathaus gelangten. Heute befinden sich in dem sorgsam restaurierten Gebäude Ferienwohnungen (▸ Seite 61). Gleich hinter dem Gewölbe liegt der Alte Hafen.

★ Alter Hafen

Der Alte Hafen ist heute eine herrliche Flaniermeile. Im Becken dümpeln Fischkutter, Möwen picken kreischend Liegengebliebenes auf und Ausflugsdampfer empfangen Gäste.

Hinter den alten Speichergebäuden auf der östlichen Seite ragen die großen Kräne des Überseehafens empor, der ein Hafenbecken von 1895 nutzt. Die auffälligen backsteinernen Silos zeugen von der einstigen Aktivität als Lager- und Umschlaghafen. Der älteste **Speicher** – erkennbar an den Initialen und der Jahreszahl in der Fassade – wurde 1862 vom Kaufmann Johann Christian Thormann erbaut. 2018 erfolgte der Verkauf an einen Schweriner Investor. Im *Ohlerich Speicher* befinden sich seit 2018 luxuriöse Ferienapartments.

Neu im Ensemble ist die etwas zurückgesetzte, 2011 eröffnete **Markthalle.** Für ihre Konstruktion wurde der Stahlmantel einer alten Fertigungshalle der Wismarer Waggonfabrik genutzt. Das Gebäude mit der Klinkerfassade dient hauptsächlich für Veranstaltungen und nicht, wie der Name vermuten lassen könnte, für Markttreiben.

Das älteste Gebäude in dieser Reihe ist das barocke **Baumhaus** aus dem 18. Jahrhundert am Ende des Kais. Charakteristisch sind die Schwedenköpfe vor dem Eingang, die die Verbindung zur einstigen Besatzungsmacht symbolisieren und früher wohl an der Hafeneinfahrt standen. Der Name des Backsteinbaus geht zurück auf einen Baumstamm, der über das Hafenbecken geschoben werden konnte, um Schiffen die Einfahrt zu verwehren.

Schlendert man am Kai wieder zurück zum Altstadtring, fällt das zweigeschossige **Alte Zollhaus** mit seinem Stufengiebel ins Auge. Glasierte und unglasierte Backsteine, Formsteine und Blendwerk schmücken die Fassade. Das Haus wurde 1868 im neogotischen Stil erbaut. Heute beherbergt das sorgsam restaurierte Gebäude im Erdgeschoss ein italienisches Restaurant und in den Obergeschossen Ferienwohnungen (▸ Seite 61).

Gegenüber, auf der anderen Seite des Rings, steht das letzte erhaltene der fünf Stadttore: das **Wassertor** von 1450. Die anderen Tore sowie die Stadtmauer wurden im 19. Jahrhundert abgerissen. Rechts davon beginnt die bunte Häuserzeile **Am Lohberg** mit vielen Restaurants. Das backsteinerne Fachwerkhaus an der Ecke, das **Brauhaus,** wurde 1452 errichtet. Damals war es eine von 180 Brauereien, heute ist es die einzige. Seit 1995 wird hier wieder nach alter hanseatischer Tradition gebraut. Für Interessierte erklärt und zeigt der Braumeister persönlich die Bierherstellung.

★ Nikolaikirche

Das zwischen 1380 und 1487 erbaute Gotteshaus gilt als Meisterwerk der Spätgotik. Das Mittelschiff ist 37 Meter hoch und eines der höchsten Deutschlands. Im Innenraum wird die ganze Pracht der Baukunst deutlich. Nachdem bei einem schweren Sturm 1703 die Spitze des ehemals 120 Meter hohen Kirchturms abgebrochen und auf das Mittelschiff gestürzt war, wurde die Inneneinrichtung der Kirche barock umgebaut. Dominierend ist der spätbarocke Hauptaltar mit der Darstellung des Abendmahls und der Kreuzabnahme. Auch die Kanzel mit Blumengewinden und Engelsköpfen hat barocken Ursprung. Das große Triumphkreuz stammt allerdings aus dem 15. Jahrhundert. In der Nikolaikirche fanden auch etliche Stücke aus den im Zweiten Weltkrieg beschädigten Kirchen Wismars eine neue Heimstatt. So stehen in der südlichen Seitenhalle das Triumphkreuz und der Hochaltar aus der Georgenkirche. Aus der Marienkirche stammt das bronzene Taufbecken von 1335.

Mai–Sep. tgl. 8–20 Uhr, Apr./Okt. tgl. 10–18 Uhr, Nov.–März tgl. 11–16 Uhr | Im Sommerhalbjahr Gewölbeführungen

Georgenkirche

Der Bau der Georgenkirche begann 1295 und dauerte 300 Jahre. Im Zweiten Weltkrieg schwer beschädigt, wurde sie seit 1990 wieder aufgebaut. Die dreischiffige Backsteinbasilika erreicht gewaltige Maße: In der Länge misst sie 78 Meter, in der Breite 44. Von der Straße Glatter Aal lohnt ein Blick auf das reich verzierte Querschiff und die Seitenkapellen mit ihren Spitzbogenfenstern. Das Querschiff wird von achteckigen Türmen eingefasst. Im Inneren wird das Ausmaß der massiven Zerstörung der Kirche deutlich. An der Decke im Kirchenschiff ist an den unterschiedlichen Farbgebungen Alt und Neu erkennbar: Die weißen Flächen im Gewölbe wurden neu gemauert. Was von der ehemaligen Inneneinrichtung erhalten blieb, wurde in die Nikolaikirche ausgelagert. Heute wird die Georgenkirche für kulturelle und geistliche Veranstaltungen genutzt. Höhepunkt sind die Konzerte des NDR-Sinfonieorchesters.

Apr.–Sep. tgl. 9–17 Uhr, Okt.–März tgl. 10–16 Uhr | Auf dem Westturm gibt es eine Aussichtsplattform (mit Fahrstuhl)

Kirchturm der Marienkirche

Ausstellung zur zerstörten Marienkirche in den Sockelgeschossen des Turms, unter anderem mit einem sehenswerten 3-D-Film. Turmbesteigung mehrmals täglich nach Anmeldung im Souvenirshop (tolle Aussicht auf Wismar!).

Apr.–Juni und Sep./Okt. tgl. 10–18 Uhr, Juli/Aug. tgl. 10–20 Uhr, Nov.–März tgl. 11–16 Uhr

Zeughaus

Nahe des Alten Hafens steht das Zeughaus in der Ulmenstraße, ein imposantes Zeugnis schwedischer Militärarchitektur in Deutschland. Über dem Hauptportal des 1701 errichteten Gebäudes hängt das Schwedische Königswappen. Heute befindet sich die Stadtbibliothek in den Räumen.

Ulmenstraße 15

Blüte der Backsteingotik: die Nikolaikirche in Wismar

Das Baumhaus im Alten Hafen stammt aus dem 18. Jahrhundert

Verbindungen

Mit der Bahn

RE- und RB-Züge fahren alle 1–2 Stunden Richtung Schwerin, im 2-Stunden-Takt geht es mit dem Regionalexpress nach Berlin. Der RB fährt stündlich über Bad Doberan nach Rostock.

Mit dem Bus

Vom zentralen Omnibusbahnhof (Nähe Bahnhof) fahren Busse in die Orte der Umgebung. Linie 240 fährt ca. alle 1–2 Stunden über Wohlenberg zur *Weißen Wiek* (teilweise über Boltenhagen und Klütz, ansonsten Umstieg in der *Weißen Wiek*). Linie 230 fährt in der Saison nahezu stündlich nach Poel.

Tel. (0 38 41) 21 39 68 |
www.bbw-wismar.de

Stadtbus: Die Linie 1 fährt mehrmals stündlich vom ZOB zum Tierpark/Bürgerpark und zur Lübschen Burg (phanTECHNIKUM).
www.nahbus.de

Mit dem Auto

Über die A 20, B 105 oder B 106 nach Wismar.

Parken: Große Parkplätze und ein Parkhaus liegen außerhalb des Rings in Hafen- und Bahnhofsnähe. Es ist nicht zu empfehlen, in die verkehrsberuhigten Gassen der Altstadt zu fahren. Wer es dennoch tut, findet dort folgende Möglichkeiten: Parkhaus am Fürstenhof, Parkplatz an der Volkshochschule und am Zeughaus. In Marktnähe liegt der Parkplatz Altstadt/Turmstraße. Tagesgebühren zwischen 1–4 € auf den großen Parkplätzen. In der Altstadt (Parkzonen) Abrechnung im 20-Minuten-Takt.

Taxi

Taxi Wismar
Tel. (0 38 41) 38 29 46

Information

Tourist-Information

Wissenswertes, Zimmervemittlung und Stadtführungen.

Lübsche Straße 23a | 23966 Wismar | Tel. (0 38 41) 1 94 33 | www.wismar.de | Apr.–Sep. tgl. 9–17 Uhr, Okt.–März tgl. 10–16 Uhr

Stadtführung
Spannendes Wismar: Themenführungen zur Stadtgeschichte oder zu Klaus Störtebeker sowie Nachtwächterführungen.
Tel. (0 38 41) 22 52 91 21

Übernachten

Stadthotel Stern 1
Das 4-Sterne-Altstadthotel verfügt über einen Wellnessbereich und ist komplett barrierefrei.
Lübsche Straße 9 | Tel. (0 38 41) 2 57 74-0 | www.stadthotel-stern.de | €€

Hotel New Orleans 2
Direkt am Hafen in stilvoll renovierten Altbauten. 40 modern eingerichtete Zimmer und zwei Suiten mit Hafenblick. Amerikanisches Restaurant im New-Orleans-Style.
Runde Grube 3 | Tel. (0 38 41) 2 68 60 | www.hotel-new-orleans.de | €€

Restaurant & Hotel Stadt Wismar 3
Schön saniertes Altstadthaus mit 15 Zimmern, davon zwei barrierefrei. Das hauseigene Restaurant ist auf Fischgerichte spezialisiert.
Breite Straße 10 | Tel. (0 38 41) 22 73 40 | www.hotel-restaurant-wismar.de | €€

Fründts Hotel 4
Beliebtes Traditionshotel mitten in der Altstadt. Die 30 Zimmer sind elegant und allergikerfreundlich eingerichtet und die Bäder mit Wellnessduschen ausgestattet. Im Außenbereich befinden sich eine Dachterrasse und ein Spielplatz.
Schweinsbrücke 1–3 | Tel. (0 38 41) 2 25 69 82 | www.hotel-stadtwismar.de | €€

Pensionen

Alter Schwede 5
Im ältesten Haus Wismars kann in gemütlich eingerichteten Gästezimmern übernachtet werden.
Am Markt 20/22 | Tel. (0 38 41) 28 35 52 | www.alter-schwede-wismar.de | €

Chez Fasan 6
Sympathische und relativ preiswerte Pension in der Altstadt.
Bademutterstraße 20a | Tel. (0 38 41) 21 34 25 | www.unterkunft-pension-wismar.de | €

Ferienwohnungen

Ferienwohnungen im Gewölbe 7
Besonderes Erlebnis ist eine Übernachtung im denkmalgeschützten Gewölbe über der Grube.
Runde Grube 4 | Tel. (0 38 41) 22 73 40 | www.hotel-restaurant-wismar.de | €

Ferienwohnungen im Alten Zollhaus 8
12 modern und komfortabel eingerichtete Ferienwohnungen mit Holzböden im restaurierten *Alten Zollhaus* am Alten Hafen. Buchung über:
Hotel am Alten Hafen | Spiegelbergstraße 61–65 | Tel. (0 38 41) 42 60 | www.hotel-am-alten-hafen.de | €

Gästehaus Altstadtidylle 9
Fünf modern und geschmackvoll eingerichtete Apartments in einem Vorder- und Hinterhaus in der Altstadt.
Lübsche Straße 53 | Tel. (01 75) 9 99 93 31 | www.gaestehaus-altstadtidylle.de | €

Travellers Lodge 10
Moderne Apartments in zwei sanierten Altbauten unweit vom Hafen.
Lübsche Straße 73, Claus-Jesup-Straße 50 | Tel. (01 73) 8 03 07 36 | www.ferienwohnungen-wismar.com | €

Jugendherberge

Die Jugendherberge liegt etwas außerhalb des Stadtzentrums, circa 2,5 Kilometer vom Marktplatz entfernt.
Juri-Gagarin-Ring 30a | Tel. (0 38 41) 3 26 80 | www.jugendherberge.de

Essen & Trinken

via Tipp Seeperle 1

Ein Muss für Fischesser direkt am Hafen! In der Kombüse kombiniert der Gast fangfrischen Fisch, Soße und Beilage nach individuellem Geschmack. Das Restaurant *Oberdeck* eine Etage höher öffnet um 17 Uhr und bietet kulinarische Köstlichkeiten auf Feinschmeckerniveau.
Schiffbauerdamm 3 | Tel. (0 38 41) 3 26 68 10 | www.seeperle-wismar.de | Tgl. ab 8 Uhr

Gasthaus To'n Zägenkrog 2

Maritim eingerichtetes Fischrestaurant mit frischen Zutaten.
Ziegenmarkt 10 | Tel. (0 38 41) 28 27 16 | www.ziegenkrug-wismar.de

Alter Schwede 3

Gutbürgerliche Hausmannskost mit einigen mecklenburgischen Klassikern. Schönes Ambiente, sowohl draußen als auch in der Gaststube.
Am Markt 20/22 | Tel. (0 38 41) 28 35 52 | www.alter-schwede-wismar.de | Tgl. ab 11.30 Uhr

Reuterhaus 4

In historischem Ambiente werden Fleisch, Fisch und mecklenburgische Gerichte serviert.
Am Markt 19 | Tel. (0 38 41) 2 22 30 | www.restaurant-reuterhaus.de | Tgl. 12–22 Uhr

Frische Grube 5

Christian Müller und Cornelia Haas verwöhnen ihre Gäste mit einer frischen, kreativen Küche. Kleine, wechselnde Karte. Konditor Christian überzeugt auch mit seinen handgemachten Kuchen und Torten.
Scheuerstraße 1 | Tel. (0 38 41) 2 44 01 26 | www.frischegrube.de | Mi–Sa ab 18 Uhr, Sa auch 12–14.30 Uhr

Weinwirtschaft 6

Im *Steigenberger Hotel*. Mittags sehr guter, preiswerter Businesslunch.
Am Markt 24 | Tel. (03 8 41) 23 92 50 | www.weinwirtschaft-wismar.de | Tgl. 7–23 Uhr

Bio Bistro Avocados 7

Kreative vegan-vegetarische Bioküche direkt zwischen Nikolaikirche und Schabbellhaus.
Hinter dem Chor 1 | Tel. (0 38 41) 30 33 33 | Mo–Sa 11–15 Uhr

Suppengrün 8

Ideal für den Mittagsimbiss. Die Suppen – ob vegan, vegetarisch oder mit Fleisch – wechseln wöchentlich.
Dankwartstraße 11 | Tel. (0 38 41) 2 43 01 28 | www.suppengruen-wismar.de | Mo–Fr 9–16 Uhr

Cafés

via Tipp Café Glücklich 9

Liebevoll eingerichtetes und gemütliches Café. Die hausgemachten Kuchen und Torten werden frisch zubereitet und erfüllen den Raum mit herrlichem Duft. Verkauf auch außer Haus. Frühstück à la carte oder einfach einzelne Komponenten nach Lust und Laune zusammenstellen.
Schweinsbrücke 7 | Tel. (0 38 41) 7 96 93 77 | Tgl. ab 9 Uhr

Café & Galerie Sinnenreich 10

Liebenswertes Galeriecafé mit Blick auf die Nikolaikirche. Es gibt hausge-

Der Alte Hafen mit seinen Restaurants ist ein beliebter Treffpunkt

machten Kuchen, Bücher, Spiele und Spielsachen für Kinder.
Hinter dem Chor 5 |
Tel. (0 38 41) 2 44 00 06 |
www.cafe-galerie-sinnenreich.de |
Tgl. ab 12 Uhr (Di nach Absprache)

Löwenapotheke 11

In den einstigen Räumen der Apotheke lässt es sich stilvoll entspannen, begleitet von Kuchen, Frühstück oder Herzhaftem nach Bio-Norm.
Bademutterstraße 2 |
Tel. (0 38 41) 4 70 99 30 |
www.alte-loewenapotheke.de |
Di–So 9–18 Uhr

Abends

Brauhaus am Lohberg

Uriges Lokal im 1452 gegründeten Brauhaus. Regionale Bierspezialitäten, am Wochenende Livemusik.
Kleine Hohe Straße 15 |
Tel. (0 38 41) 25 02 38 |
www.brauhaus-wismar.de | Tgl. ab 11 Uhr

DT64 Lounge

Raucherlokal mit Cocktails und diversen Spirituosen.
Breite Straße 64 | Tel. (01 73) 1 53 98 75 |
www.dt64lounge.de | Tgl. ab 18 Uhr

New Orleans

Cocktails aus New Orleans oder der Karibik bei amerikanischem Flair.
Runde Grube 3 | Tel. (0 38 41) 2 68 60 |
www.hotel-new-orleans.de

Mensa

Studenten feiern immer samstags im Mensakeller.
Käthe-Kollwitz-Promenade 7 |
Tel. (0 38 41) 70 31 34 |
www.mensakeller.de

Block 17

Studentenclub. Freitags wird getanzt, dienstags werden Filme geschaut.
Philipp-Müller-Straße 20 |
Tel. (0 38 41) 70 47 07 |
www.block17.de

Kunst & Kultur

Wismar hat von Museum bis Theater einiges an Unterhaltung zu bieten.

Museen

Stadtgeschichtliches Museum Schabbell

Die 800-jährige Geschichte Wismars von der mittelalterlichen Stadtgründung über Störtebeker bis zur friedlichen Revolution in der DDR wird anschaulich präsentiert und durch Multimedia-Stationen ergänzt. Das Schabbellhaus selbst ist ein außergewöhnlicher Solitärbau und zählt im Ostseeraum zu den prunkvollsten Backsteinbauten im Stil der niederländischen Renaissance.

Schweinsbrücke 6/8 | Tel. (0 38 41) 2 52 28 70 | www.wismar.de/schabbell | Apr.–Juni, Sep.–Okt. Di–So 10–18 Uhr, Juli/Aug. tgl. 10–18 Uhr, Nov.–März Di–So 10–16 Uhr

Wismar – Bilder einer Stadt

Die Ausstellung führt anschaulich durch vergangene Jahrhunderte.

Im Rathauskeller | Am Markt | Di–Sa 10–16 Uhr

Privates Knopfmuseum Wismar

Fast 500 000 Knöpfe ganz unterschiedlich in Material, Farbe und Form hat die passionierte Reingard Berger bereits gesammelt.

Weberstraße 10 | Tel. (0 38 41) 28 49 72 | Di 10–17 Uhr und nach Absprache

phanTECHNIKUM

Die Schwerpunkte des Technischen Landesmuseums liegen auf der Verkehrsgeschichte, Energieerzeugung und Innovationen. Experimentierstationen zu den Elementen Feuer, Wasser, Luft und Erde.

Zum Festplatz 3 | Tel. (0 38 41) 25 78 11 | www.phantechnikum.de | Juli/Aug. tgl. 10–18 Uhr, Sep.–Juni Di–So 10–17 Uhr | 8 € / Kinder (6–17 Jahre) 5 € / Familien 15 €

Galerien

Galerie Kristine Hamann

Wechselnde Ausstellungen zeitgenössischer Künstler und Events.

Schweinsbrücke 11 | Tel. (01 76) 34 96 83 36 | www.kristine-hamann.de | Mo/Di/Do/Fr 11–13 und 15–19 Uhr, So 11–16 Uhr

Theater

Wismar verfügt über kein eigenes Ensemble. **Gastspiele** logieren im Großen Haus, in der Kammerbühne, im Theatercafé und in der Theaterklause.

Philipp-Müller-Straße | Tel. (0 38 41) 3 26 04-0 | www.wismar.de

Einkaufen

Wochenmarkt auf dem Marktplatz

Alles vom Apfel bis zur Zucchini.

Di/Do 8–17 Uhr, Sa 8–13 Uhr

Jo & Leo

Nordisch schlichter Laden mit handgefertigten (Wohn-)Accessoires, Papeterie und hübschen Dingen.

ABC-Straße 28 | www.joleo.de | Mi–Fr 11–18 Uhr, Sa 11–15 Uhr

Karstadt

Das Jugendstilkaufhaus in der Fußgängerzone ist das Stammhaus des Konzerns (▶ Seite 56).

Rudolph-Karstadt-Platz 1 (Lübsche Straße/Ecke Krämerstraße) | Tel. (0 38 41) 23 00 | Mo–Sa 9.30–19 Uhr

Buchhandlung Inge Peplau

Bücher, Medien und Spiele, große Auswahl an Kinderbüchern. Nahe Karstadt.

Krämerstraße 23 | Tel. (0 38 41) 28 36 34 | www.peplau.de | Mo–Fr 9–18.30, Sa 9–16 Uhr

Bücherwelten Wismar
Kleine, charmante und gut sortierte Buchhandlung.
Sargmacherstraße 4 |
Tel. (0 38 41) 22 32 32 0 |
www.buecherwelten-wismar.de |
Mo–Fr 10–18, Sa 10–14 Uhr

Hanse Sektkellerei
Die nördlichste Sektkellerei Deutschlands befindet sich in einem zehn Meter unter der Erde liegenden Gewölbe aus dem 17. Jahrhundert. Die Produktionsstätte kann besichtigt werden und Verkostungen gibt es natürlich auch.
Turnerweg 4 | Tel. (0 38 41) 48 48-0 |
www.hanse-sektkellerei.de |
Mo–Sa 10–16 Uhr, Jan./Feb. eingeschränkt

La casa del café
Kafferösterei der Kubanerin Mailin Acosta. Schokolade und Kuchen ergänzen das Sortiment.
Breite Straße 2 |
Tel. (01 52) 59 80 37 38 |
www.roesterei-wismar.de | Ab 10 Uhr

Aktivitäten

Wonnemar
Sechs Rutschen, Wellenbad, Strömungskanal sind nur einige der Attraktionen für Wasserratten. Großzügige Saunalandschaft unter anderem mit skandinavischer Seesauna, Steinbad oder der Panorama-Sauna mit Blick auf die Silhouette von Wismar.
Bürgermeister-Haupt-Straße 38 |
Tel. (0 38 41) 32 76 23 |
www.wonnemar.de |
Mai–Sep. tgl. 10–21, Okt.–Apr. tgl. 10–22, Spa ganzjährig tgl. 10.30–20 Uhr

Tierpark
Hier sind die Familie Maus und die Familie Strauß zu Hause. Wachsame Luchse liegen im Gras und putzige Nasenbären klettern über ihre Seile. Streichelzoo und Abenteuerspielplatz dürfen natürlich nicht fehlen.
Zum Festplatz 30 | Tel. (0 38 41) 70 70 70 |
www.tierpark-wismar.de |
März–Okt. tgl. 9–18 Uhr, Nov.–Feb. Sa/So/Fei 10–17 Uhr (Kassenschluss eine Stunde vorher) | 5 € / Kinder (3–16 Jahre) 3 €

Im Schabbellhaus an der Frischen Grube befindet sich das Stadtmuseum

Bürgerpark
Das ehemalige Gelände der Landesgartenschau von 2002 liegt unweit des Tierparks. Höhepunkt ist der Stahlrohrturm mit einer 28 Meter hohen Aussichtsplattform. Dazu gibt's Spielplätze und eine Kletterwand.
Mai–Sep. tgl. 5–22 Uhr, Okt.–Apr. tgl. 6–20 Uhr | ÖPNV: Buslinie 1, 2 und 240 3x stündlich ab ZOB zum Tierpark/Bürgerpark

Schiffsausflüge

via Tipp Hafenrundfahrt
Die einstündige Fahrt führt vorbei am Überseehafen hinaus in die Wismarbucht, an der Insel Walfisch und dem Fischerdorf Hoben vorbei. Beeindruckend ist der Blick auf die riesige Dockhalle und auf die Silhouette von Wismar.
Alter Hafen 7 | Tel. (0 4 51) 9 87 08 88 | www.adler-schiffe.de | Ostern–Okt. mehrmals tgl., Nov–März Mi–So tgl.

Nach Boltenhagen
Von Ostern bis Oktober fährt die *MS Sturmvogel II* montags nachmittags vom Stadthafen nach Boltenhagen.
Tel. (03 84 28) 6 36 92

Zur Insel Poel
Die Überfahrt vom Alten Hafen in Wismar nach Kirchdorf auf Poel dauert ca. eine Stunde.
Alter Hafen 7 | www.adler-schiffe.de | Ostern–Okt. mehrmals tgl.

Im Wismarer Vorort Hoben kann man traditionelle Reetdachhäuser bewundern

Sehenswerte Wismarer Vororte

An der Ostseeküste Richtung Nordwesten und auf der Route des Ostseeküsten-Radwegs finden sich zwei reizvolle Ziele für Ausflüge: Wendorf und das denkmalgeschützte Hoben.

Wendorf

Vier Kilometer nordwestlich liegt an der Ostsee Wismars Seebad Wendorf. Der flache Strand eignet sich fürs Badevergnügen, kann aber nicht mit den schöneren Stränden von Wohlenberg (▸ Seite 94) oder Boltenhagen (▸ Seite 87) mithalten.

Lohnenswert sind der Blick von der 350 Meter langen Seebrücke auf Wismar und die Schwedenköpfe an der Hafeneinfahrt. Ende der 1950er-Jahre wurde der Ort mit einigen Plattenbauten erweitert. Heute befinden sich hier ein Jachthafen, eine Reha-Klinik mit Park und ein Hotel-Restaurant mit Blick auf die Bucht.

Verbindung

Die Stadtbuslinien 1 und 4 verkehren ca. alle 20 Minuten zwischen Wismar und Wendorf. Wendorf liegt außerdem am Ostseeküsten-Radweg.

Übernachten

Hotel Seeblick Wendorf

4-Sterne-Hotel mit 54 Zimmern im historischen Haupthaus und neuem Gästehaus. Spezialitätenrestaurant und Wellnessbereich mit verschiedenen Saunen, Solarium, Fitness- und Ruhebereich.

Ernst-Scheel-Straße 27 |
Tel. (0 38 41) 6 27 40 |
www.hotel-seeblick-wismar.de | €€

Hoben

Versteckt zwischen Feldern und Wiesen liegt das alte Fischerdorf Hoben nördlich von Wendorf an der Wismarbucht. Nur die Reetdächer stechen aus der Landschaft hervor.

Das kleine, denkmalgeschützte Dorf hat bis heute seine Ursprünglichkeit und den dörflichen Charme bewahrt. Die traditionellen Niederdeutschen Hallenhäuser wurden nach historischen Vorbildern saniert, einige durch moderne Architekturelemente wie Fensterfronten oder Gauben ergänzt. Ein 500 Meter langer Rundweg führt durch den idyllischen Ort.

Den Wismarer Badeort Wendorf mit Strand und Gaststätten erreicht man zu Fuß in 20 Minuten. Zum nächsten Einkaufszentrum sind es drei Kilometer, zum Wismarer Stadtkern sieben Kilometer.

Verbindung

Von Wismar ZOB Bus 401 (alle 2–4 Stunden) Richtung Gägelow/Zierow bis Abzweig Hoben, dann 500 Meter zu Fuß bis Hoben. Autos müssen vor dem Ortseingang geparkt werden. Hoben liegt am Ostseeküsten-Radweg.

Übernachten

Ulrich Kändler

Familienfreundliche Ferienwohnung mit schönem Garten.

Haus Nr. 9 | Tel. (0 38 41) 6 25 24 |
www.kaendler-ferienwohnungen.de | €

Familie Hönsch-Schröder

Zwei schöne Ferienwohnungen nur 100 Meter vom Ostseestrand entfernt.

Dorfstraße 8 | Tel. (0 38 41) 63 64 76 |
www.ostsee-urlaub-hoben.de | €

Insel Poel

Beschaulich geht es auf der siebtgrößten Insel Deutschlands zu. Flache Wiesen und Felder, unspektakuläre Dörfer, kleine Häfen und Badeorte ohne Trubel prägen das Eiland, das damit bestens für Ruhesuchende und Familien geeignet ist.

Insel Poel

Die Küste von Poel ist großteils naturbelassen, weder protzige Hotelbauten noch breite Strandpromenaden säumen die Ufer. Dafür gibt es schöne Strände, flach ins Wasser abfallende Ufer, Spazierwege durch Küstenwald und Radrouten quer über die Insel. Am Nordwestufer zwischen Timmendorf und Gollwitz befinden sich die weißen Sandstrände.

Schon die Anreise ist ein Eintauchen in eine etwas entlegene Welt: Entweder fährt man über den Damm, der Poel mit dem Festland verbindet, oder man schippert im Sommer klassisch mit der Fähre von Wismar herüber. So oder so landet man zunächst in **Kirchdorf,** mit seinen 1 016 Einwohnern der Hauptort von Poel. Herausragende Sehenswürdigkeiten sucht man in Kirchdorf wie auf der ganzen Insel allerdings vergebens.

Es ist die flache, unaufgeregte Landschaft, die Poel besonders macht. Höchste Erhebung ist der **Kieckelberg** bei Kirchdorf mit gerade einmal 27 Metern. Von dort wandert der Blick im Sommer über endlos scheinende Rapsfelder. An der Nord- und Westküste erstrecken sich lange Sandstrände, unterbrochen nur durch eine kleine Steilküste. Im Osten liegen ausgedehnte Salzwiesen.

Poel ist Tourismus auf kleiner Flamme: Selbst im größten Strandort Timmendorf herrscht im Hochsommer kein Seebadgetümmel, sondern Beschaulichkeit. Das Wasser ist meist herrlich klar. Dank des dichten Netzes von kleinen Straßen und Fahrradwegen lässt sich Poel gut auf dem Drahtesel erkunden.

Vor der Nordostecke, direkt vor **Gollwitz,** liegt die Vogelschutzinsel **Langenwerder.** Langenwerder ist eine baumlose, sandig-kiesige Insel mit bis zu 2,40 Meter hohen Strandwällen, Dünen und Salzwiesen. Hier brüten unzählige Sturmmöwen, aber auch Austernfischer, Küstenseeschwalben, Brandgänse und viele mehr. Seit 1924 steht die Insel unter besonderem Schutz. Das einzige Haus auf der Insel ist eine Vogelwarte der wissenschaftlichen Station der Universität Rostock. Betreten darf man die Insel nur von Ende Juli bis Mitte Oktober und nur in Begleitung des Vogelwartes (▸ Seite 77).

Steckbrief: Insel Poel

Offizieller Name: Gemeinde Ostseebad Insel Poel. Hauptort ist Kirchdorf.
Einwohner: 2 500
PLZ: 23999
Telefon-Vorwahl: 03 84 25
Fläche: 37 km² (siebtgrößte Insel Deutschlands)
Geografische Lage: Nördliche Begrenzung der Wismarbucht, Verbindung zum Festland über den befahrbaren Poeldamm.
Wirtschaft: Wichtigste Wirtschaftszweige sind Tourismus und Landwirtschaft. Größter Arbeitgeber mit über 100 Beschäftigten ist die Ostseeklinik Poel.

◂ Am Strand von Gollwitz auf der Insel Poel trennt eine Sandbank einen Flachwasserbereich vom offenen Meer ab – perfekt zum Planschen

Poel und der Raps

Im Frühjahr leuchten auf Poel kilometerweit die Rapsfelder. Das hat Tradition: Dem Forscher Prof. Dr. Hans Lembke, 1877 auf Poel geboren, gelang es, Anfang des 20. Jahrhunderts ertragreichen und winterfesten Raps zu entwickeln. Seine Erkenntnisse setzten Meilensteine in der Wissenschaft. Rund um Malchow zeugen heute viele kleine Parzellen von seinem Erbe. Dort betreibt die von seinen Nachfahren geführte *Norddeutsche Pflanzenzucht* weiterhin Forschung an Kulturpflanzen und verbreitet Poeler Raps weltweit. Eine alle zwei Jahre gewählte Rapskönigin ist das hübsche Gesicht der Insel.

★ Strände auf Poel

Sandstrände mit Parkplätzen und sanitären Einrichtungen gibt es bei Gollwitz, Am Schwarzen Busch und in Timmendorf. In Timmendorf und Am Schwarzen Busch werden im Hochsommer die Strände durch die DLRG überwacht. Die Strände bei Gollwitz fallen extrem flach ab und sind ideal für Kinder.

Schöne **Naturstrände** findet man in Höhe der Weiler Neuhof und Seedorf. Beide Strände sind am besten mit dem Fahrrad zu erreichen.

Ein **FKK-Naturstrand** liegt auf der Höhe von Hinter Wangern südlich von Timmendorf. Aber auch an den anderen Stränden wird FKK toleriert.

Geschichte der Insel

Erstmals urkundlich erwähnt wurde Poel im Jahr 1163. Damals lebten slawische Bauern auf der Insel. Auch der Name ist slawischen Ursprungs und bedeutet so viel wie flaches Feld.

Zu Beginn des 13. Jahrhunderts kamen Kolonisten aus Gebieten westlich der Elbe nach Mecklenburg und gründeten auch auf Poel neue Dörfer. Der mecklenburgische Herzog Johann Albrecht I. baute sich um 1578 ein Jagdhaus bei Kirchdorf. Sein Nachfahre Adolf Friedrich I. vergrößerte das Anwesen 1614–1618 zu einer Festung mit dreifacher Umwallung und einem Schloss samt eigenem Hafen, der **Veste Poel.** 1627 musste er allerdings seine Küstenburg kampflos an die Kaiserlichen Truppen Wallensteins übergeben, die in der Festung einkaserniert wurden. Im Jahr 1633 erhielten die Mecklenburger ihr Schloss in wüstem Zustand zurück. Aber schon kurz darauf folgten die Schweden als neue Besatzer – die das Schloss weiter verfallen ließen. Den Schlussstrich unter die kurze Episode des mächtigsten Bauwerks der Insel zog ein Orkan im Jahr 1703, der den Schlossturm umwarf. Für die kommenden Jahrhunderte diente die Festung dann als Steinbruch, sodass heute nur die einstigen Wallanlagen erkennbar sind. Ein anschauliches Modell der Festung kann man im Inselmuseum bewundern.

Auch von den einst prächtigen Fachwerkhöfen im Stil der Norddeutschen Hallenhäuser blieb auf Poel nicht viel übrig. Sie wichen im 19. Jahrhundert neuen Dreiseitenhöfen aus Backstein.

Ab 1860 setzte der Badeverkehr der Städter ein. Die Einheimischen zogen im Sommer in ihre Nebengelasse und überließen die Stuben ihren Gästen. Am Schwarzen Busch wurde 1910 das Kurhaus eröffnet und bereits seit 1890 verband ein Dampfer den Wismarer Hafen mit dem Poeler Strand. Der Straßendamm zwischen Insel und Festland entstand erst im Jahr 1927.

Am 3. Mai 1945 übernahmen sowjetische Truppen die Insel von den britischen Eroberern. Am selben Tag versenkten britische Jagdflieger den ehemaligen Luxusliner **Cap Arcona** und das Frachtschiff *Thielbek* in der Lübecker Bucht. Was die Briten nicht wussten: An Bord waren keine feindlichen Soldaten, wie sie vermutet hatten, sondern mehrere Tausend KZ-Insassen. Sie waren aus dem KZ Neuengamme bei Hamburg hierher gebracht worden. Beim Untergang der *Cap Arcona* starben circa 4500 Menschen. Etliche von ihnen wurden tot an Poeler Stränden angespült. Nur 450 Häftlinge überlebten. Ein Denkmal am Schwarzen Busch erinnert an die Katastrophe.

Nach 1945 enteignete die sowjetische Besatzung die Gutsbesitzer. Das Land wurde vor allem unter besitzlosen Kriegsflüchtlingen aus dem Osten verteilt, womit zahlreiche Neubauernhäuser entstanden. Die Land-, Vieh- und Fischereiwirtschaft ging in Genossenschaftsbetriebe über.

In der DDR-Zeit wurden die Ferienzimmer über das staatliche Reisebüro und die Gewerkschaft FDGB vergeben, neue Bungalowanlagen entstanden. Am Schwarzen Busch wurde ein zentraler Speisesaal für die Verpflegung der Urlauber eingerichtet. Im Jahr 1989 kamen 35000 Gäste auf die Insel. Nach Flaute mit der Grenzöffnung 1989 stabilisieren sich heute die Zahlen wieder. Seitdem entstanden neue Ferienhäuser und -anlagen.

Den Kirchdorfer Hafen überragt der spitze Turm der Inselkirche

Poeler Kogge

1999 wurde nordwestlich der Mole von Timmendorf auf der Insel Poel das relativ gut erhaltene **Wrack** eines frühneuzeitlichen Schiffes geborgen. Wissenschaftliche Untersuchungen schätzten, dass es sich um eine Kogge aus dem 14. Jahrhundert handelt.

Die Länge von 31 Metern und die Ladekapazität von 200 Tonnen waren typisch für die Schiffe der Hanse, deren Handel und Warentransport Grundlage für ihren Wohlstand war. Einige bauliche Besonderheiten deuteten sogar auf die Existenz einer „baltischen Kogge" hin.

Diese Interpretation geriet mit einer 2011 veröffentlichten Doktorarbeit ins Wanken. Mit Hilfe eines neuen Verfahrens und einer Holzexpertin wurden Alter und Herkunft des Holzes neu bestimmt. Der Verfasser geht von einem Bau um 1800 in Finnland aus.

Das vor Poel gefundene Wrack diente 2004 als Vorlage für den Bau der Poeler Kogge *Wissemara*. Unbestritten ist, dass die Koggen der Hansezeit ähnlich aussahen. Auf dem seetüchtigen Schiff kann mitgesegelt werden. Es liegt im Wismarer Hafen.

Die „Wissemara" im Alten Hafen in Wismar ist ein Nachbau der Poeler Kogge

Kirchdorf

Der Hauptort der Insel liegt an einer tief eingeschnittenen Bucht im südlichen Teil von Poel, Kirchsee genannt. Hier leben mehr als die Hälfte der Poeler Einwohner.

Das Ortsbild ist eher unspektakulär. Kleine, einstöckige Häuser prägen das Bild, ergänzt durch Neubaugebiete und neue Ferienwohnungen in Wassernähe. Hauptanziehungspunkt für Besucher ist der hübsche **Hafen,** der Fischern und Freizeitkapitänen gleichzeitig dient.

Gleich hinter dem Hafen steht das Wahrzeichen von Kirchdorf: der 47 Meter hohe Turm der **Inselkirche,** den man schon von weitem erkennt. Neben der Kirche kann man noch Reste des alten Schlosswalls ausmachen. Hier stand einst die Veste Poel (▸ Seite 70). Der Wall wird heute für Veranstaltungen, Märkte und Open-Air-Kino genutzt. Von dem einst prächtigen Schloss selbst ist nichts mehr übrig. Lediglich ein Modell steht im Inselmuseum.

Im Ortsteil **Oertzenhof** ist ein backsteinernes Ensemble, bestehend aus altem Speicher, Bauernhof und Schweinestall, sehenswert.

Sehenswertes

Inselkirche

Der um 1250 erbaute Kirchturm ist, wie an den Fenstern erkennbar, romanischen Ursprungs, wohingegen das 100 Jahre später gebaute Kirchenschiff schon gotische Spitzbogenfenster besitzt. Im Innenraum können zwei Altäre aus dem 15. Jahrhundert und eine barocke Orgel von 1704 besichtigt werden. Auch das Modell eines Zeesenbootes wird ausgestellt.

Inselkirche in Kirchdorf

Inselmuseum

Die ehemalige Dorfschule beherbergt eine Ausstellung zum Leben der Bevölkerung, ihrer Traditionen, Geschichte und Natur sowie Arbeiten des Malers Karl Christian Klasen. Eine ständige Sonderausstellung erinnert an die Schiffskatastrophe der *Cap Arcona* (▸ Seite 71).

Im Außenbereich kann man ein Modell der ehemaligen Festung Poel bewundern. In einem Findlingsgarten werden Gesteinsfunde von den Küsten und den Feldern der Insel gezeigt.

Möwenweg 4 | Tel. (03 84 25) 2 07 32 | www.insel-poel.de | 15. Mai–14. Sep. Di–So 10–16 Uhr, 15. Sep.–14. Mai Di/Mi/Sa 10–12 Uhr

via Tipp **Oertzenhof mit Café Frieda**

Die Zeit, als hier noch Schweine grunzten, gehört längst der Vergangenheit an. Mittlerweile weht Kaffeeduft durch die alten Balken. Die Enkelin der letzten Besitzerin, Kathy Gordon, hat hier eine kleine Idylle von

frisch gebackenen Torten, Kaffeespezialitäten und Kunstraum geschaffen. Auf zwei Etagen und mit einer modernen Einrichtung fühlen sich hier Touristen und Einheimische gleichermaßen wohl. Im ehemaligen Inspektorenhaus von 1895 wohnten schon ihre Großeltern und sie tut es ihnen gleich. Im Obergeschoss wechselnde Ausstellungen sowie regelmäßige Abendveranstaltungen.
Oertzenhof 4 (am Strandweg Richtung Am Schwarzen Busch) | Tel. (03 84 25) 42 98 20 | www.cafe-frieda.de | Apr.–Okt. tgl. 12–18 Uhr, in der Nebensaison verkürzt

Verbindungen

Bus
Die Buslinie 230 verkehrt von Mitte Mai bis Ende Sep. ca. alle 2 Stunden zwischen Wismar (ZOB), Kirchdorf und Timmendorf. Am Schwarzen Busch, Gollwitz und Malchow werden unregelmäßig angefahren.
Tel. (0 38 41) 21 39 68 | www.nahbus.de

Schiff
Kirchdorf – Wismar (Alter Hafen). Die Überfahrt dauert ca. eine Stunde.
Tel. (0 18 05) 12 33 44 | www.adler-schiffe.de | Ostern–Okt. mehrmals tgl.

Information

Kurverwaltung
Informationen, Zimmervermittlung, Internetzugang über Wireless Hotspots, Angelscheine.
Wismarsche Straße 2 | 23999 Ostseebad Insel Poel (OT Kirchdorf) | Tel. (03 84 25) 2 03 47 | www.insel-poel.de | Mai–Mitte Sep. Mo–Fr 9–17.30, Sa 10–12 und 14–16, So 10–12 Uhr, Mitte Sep.–Mai Mo–Fr 9–17 Uhr

Führung
Zum Beispiel Salzwiesenwanderung, Geomantischer Spaziergang oder Nordwanderung. Termine unregelmäßig. Info und Anmeldung in der Kurverwaltung in Kirchdorf.
Tel. (03 84 25) 2 03 47

Supermärkte & Bank
Die einzigen Supermärkte auf Poel liegen in Kirchdorf: Netto (Wismarsche Straße 1a) und Sky (Gemeindezentrum 10), Mo–Sa 7–21 und So 13–18 Uhr. Hier befindet sich auch eine Volks- und Raiffeisenbank mit EC-Automat.

Übernachten

In Kirchdorf gibt es wie auf ganz Poel nur wenige Hotels, dafür aber viele Ferienwohnungen in unterschiedlichster Größe und Ausstattung.

Poeler Tourismus-Service
Direkt auf dem 54. Breitengrad befindet sich die – private – Poeler Zimmervermittlung.
Wismarsche Straße 7a | Tel. (03 84 25) 40 50 03 | www.poel.de

Poeler Gäste- & Ferienhaus-Service
Vermittlung von Ferienhäusern und Ferienwohnungen auf der Insel Poel.
Seestraße 44 | Tel. (03 84 25) 4 20 67 | www.poelagentur.de

Hotel Zur Seemöwe
Das alte Backsteinhaus von 1880 liegt in Hafennähe. Die 14 DZ und 2 EZ sind modern gehalten.
Möwenweg 7 | Tel. (03 84 25) 40 70 | www.hotel-zur-seemoewe.de | €€

Pension Zur Kirchsee
3 DZ und 1 EZ. Gästehaus mit Küche und Familiengarten.
Möwenweg 3 | Tel. (03 84 25) 2 03 97 | www.pension-holst.de | €

Steinfurth's Hüsing
2008 errichtetes Apartmenthaus mit drei FeWos in ruhiger Lage, 500 Meter vom Hafen. Jeweils Wohnbereich mit offener Küche und Terrasse.
Poststraße 11 | Tel. (01 72) 3 27 77 99 | www.mehrstrand.de | €€

Essen & Trinken

Poeler Forellenhof
Traditionelle Fischräucherei mit allem was die Ostsee hergibt.
Niendorf 13 | OT Niendorf | Tel. (03 84 25) 42 00 | www.poeler-forellenhof.de

Oertzenhof mit Café Frieda
(▸ Seite 73)

Poeler Hafen-Pavillon
Solide, frische Fischgerichte direkt im Hafen von Kirchdorf.
Am Hafen 1 | Tel. (03 84 25) 2 09 85 | www.poeler-hafen-pavillon.de

Aktivitäten

Poeler Inselrundfahrten
Im Kleinbus geht es zu allen Sehenswürdigkeiten, auch in abgelegene Orte. Abfahrt: Hafen Kirchdorf, Zustiege möglich.
Tel. (0 38 41) 79 04 42 | www.insel-poel-rundfahrten.de | Di–Sa mehrmals tgl.

Schaugarten
Ein Schaugarten der Universität Wismar mit heimischen und exotischen Pflanzen befindet sich in Malchow, 2 km östlich von Kirchdorf.
Inselstraße 12 | Ortsteil Malchow

Fahrradverleih

Fahrräder, Laufräder für Kinder und Bollerwagen gibt's unter anderem auch in der Kurverwaltung.

Fahrräder bei Stolpmann
Fahrräder für die ganze Familie.
Wismarsche Straße 16 | Tel. (0 38 41) 2 04 70

Denkmal für die ca. 4 500 Opfer der Cap-Arcona-Katastrophe 1945

Am Schwarzen Busch

Zwei Kilometer nördlich von Kirchdorf liegt der kleine Strandort Am Schwarzen Busch – die Wiege der Badetradition auf Poel.

Bereits Ende des 19. Jahrhunderts wurden hier die ersten Badekarren aufgestellt, 1910 das Kurhaus gebaut, das heute Ferienwohnungen beherbergt. Davor erstreckt sich die Kurpromenade mit Grünflächen, Spazierwegen und Minigolfanlage. Direkt hinter den Dünen Richtung Timmendorf, im früheren Toilettenhäuschen, findet man im Sommer eine Töpferei (*www.toepferei-dambeck.de*). Besonders schön ist eine Rad- oder Wandertour vom Kurhaus ins vier Kilometer entfernte Gollwitz. Der Weg verläuft oberhalb der Steilküste durch alten, knorrigen Küstenwald. Von diesem leitet sich auch der Name *Am Schwarzen Busch* ab. Am Ortseingang erinnert eine Gedenkstätte an die Opfer der Cap-Arcona-Katastrophe (▸ Seite 71).

Übernachten

Poeler Appartement Service
Unterschiedliche Ferienwohnungen.
Sonnenweg 5f | Tel. (03 84 25) 4 21 55 | www.pas-poel.de

Essen & Trinken

Zur Düne
Direkt hinter den Dünen im Bereich der Ferienhaussiedlung. Regionale Küche, nachmittags Kuchen und Eis.
Promenade 41a | Tel. (03 84 25) 2 02 94 | Tgl. geöffnet (in der Nebensaison nur am Wochenende)

Aktivitäten

Minigolf
Gibt's an der Strandpromenade.

Poeler Piratenland
Indoorspielplatz mit Rutsche, Klettergerüst, Trampolin und weiteren Attraktionen.
Sonnenweg 15 | Tel. (03 84 25) 4 29 00 | www.poeler-piratenland.de | Nov.–Apr. Mi–So 12–18 Uhr, Mai–Okt. tgl. 11–18 Uhr

Am Schwarzen Busch finden sich viele Ferien- und Wohnhäuser mit Reetdach

Gollwitz

Das einstige Fischer- und Bauerndorf hat sich ganz auf unaufgeregten Tourismus eingestellt. Rund um den alten Dorfteich reihen sich moderne Ferienhäuser.

Am Ortseingang steht ein großes Inselhotel mit Sauna und Schwimmbad. Wirklich alt ist die Weidenallee, die zum Strand führt. Gollwitz ist vor allem bei Familien und Vogelbeobachtern beliebt. Durch die vorgelagerte Insel Langenwerder ist das Wasser sehr flach, dadurch erwärmt es sich schnell und hat nahezu keine Strömung – für Kinder ein Spiel- und Planschparadies.

Alter Fischkutter in Gollwitz

Übernachten

Inselhotel
Unweit vom Strand liegt das Hotel mit kleinem Wellnessbereich, Schwimmbecken, Sauna und Fitnesscenter.
Gollwitz 6 | Tel. (03 84 25) 2 40 | www.travdo-hotels.de | €€€

Ferienwohnung Familie Becker
Stilvolle Wohnungen für bis zu vier Personen mit Terrasse, Fahrrad, Grill und Tischtennisplatte.
Am Teich 5 | Tel. (03 84 25) 43 98 63 | www.leo-beckers.de | €€

Essen

Das Ladencafé
Serviert werden Kuchen und Torten nach Familienrezepten. Dekoratives und Schönes für den Alltag oder zum Verschenken steht zum Verkauf.
Gollwitz 5 | Tel. (03 84 25) 43 98 63 | www.das-ladencafe.de

Gasthof Fünf Eulen
Schmackhafte Fischgerichte und solide Hausmannskost. Für den kleinen Hunger ist besonders die Fischsoljanka beliebt.
Gollwitz 6a | Tel. (03 84 25) 4 20 44 | Di–So 12–21 Uhr

Aktivitäten

Vogelinsel Langenwerder
Immer sonntags kann man sich mit dem Vogelwart am Strand von Gollwitz treffen. Der Vogelwart erklärt von Mai bis Juli dort Wissenswertes über die Vogelschutzinsel Langenwerder. Von Ende Juli bis Mitte Oktober kann man die Insel sogar zusammen mit dem Vogelwart betreten. Treffpunkt am Strand, nur mit Anmeldung bei der Kurverwaltung.
Tel. (03 84 25) 2 03 47 (Kurverwaltung) | www.langenwerder.de | So 10 Uhr

Schiffstour Gollwitz – Rerik
Schiffstour durch das Salzhaff ins Ostseebad Rerik. Zur Fähre gelangt nur, wer durch kniehohes Wasser watet.
Tel. (03 82 96) 7 47 61 | www.ms-ostseebad-rerik.de | Mitte Juni–Anfang Sep. jeweils dienstags

Timmendorf-Strand

Timmendorf-Strand liegt ganz im Westen der Insel und ist mit seinen 170 Einwohnern der größte der Poeler Badeorte. Der hübsche 40 Meter breite Strand ist feinsandig und ohne Steine.

Im Mittelpunkt steht der kleine Hafen mit seinem Leuchtturm, der seit 1871 Seefahrern den Weg weist. Besonders schön ist seine Zweiteilung in eine verputzte und eine backsteinerne Hälfte. In einem weiteren Turm mit viereckigem Grundriss und angebautem Haus befanden sich die Lotsen.

Eine breite Promenade mit Souvenirshops, Läden für Strandartikel und Restaurants führt direkt zur Mole. Segelboote machen hier einen Zwischenstopp bei ihrer Ostseekreuzfahrt und liegen neben traditionellen Fischkuttern, die jeden Morgen in ihre Fanggebiete aufbrechen. 120 Tonnen werden in dem Hafen jährlich angelandet. Wenn sie den Fisch von Bord laden, kommen oft Ortsansässige vorbei und fragen: „Na, wat gifft et denn hüt?"

Aber auch ohne plattdeutsche Kenntnisse verkaufen die Fischer ihre fangfrische Ware. Abends, wenn ihre Schicht längst vorbei ist, relaxen viele Touristen beim Sonnenuntergang an Promenade und Strand. Kinder klettern noch auf dem Holzschiff im Hafen und wer Lust hat, kann auf dem öffentlichen Grillplatz sein Abendessen zubereiten.

Dahinter schließt ein wenige Meter hohes, aber beeindruckend zerfurchtes Kliff an. Mit jährlich 45 Zentimetern Abtragung zählt es zu den am stärksten betroffenen Steilufern der deutschen Ostseeküste.

Übernachten

Ferienhäuser Liethmann
2006 erbaute kleine Anlage mit komfortablen Ferienhäusern und -wohnungen. Moderne Einrichtung mit viel Komfort. 100 Meter vom Strand.
Tel. (01 72) 3 91 47 47 | www.ferienhaeuser-liethmann.de | €€

Ferienhaus Windrose
Neues Reetdachhaus mit großem Wohnbereich und zwei Schlafzimmern, nur wenige Meter vom Strand entfernt. Ab 117 Euro pro Nacht in der Hauptsaison.
Fischerstieg 39a | Tel. (0 77 55) 93 84 69 | www.ostseeurlaub-windrose.de | €€

Campingplatz Leuchtturm
Einziger Campingplatz auf Poel. Fantastische Lage der Zeltwiese direkt hinter den Dünen. Kann im Hochsommer sehr voll werden.
Lotsenstieg 25 | Tel. (03 84 25) 2 02 24 | www.campingplatz-leuchtturm.com | Apr.–Okt, Anreise 8–20 Uhr

Essen & Trinken

Zur Poeler Kogge
Fischrestaurant mit toller Aussicht auf den Hafen.
Tau'n Lüchttorm 13a | Tel. (03 84 25) 2 02 51

Kröning's Fischbaud
In einem Klinkerbau am Hafen befindet sich dieses einfache Fischrestaurant mit großer Terrasse.
Lotsenstieg 17b | Tel. (03 84 25) 2 05 23

Wirtshaus Steinhagen
Nettes Ambiente mit schmackhaften Fleisch- und Fischgerichten.
Wangern 17a | 23999 Wangern (von Timmendorf 2 km landeinwärts) | Tel. (03 84 25) 44 40 | ganzjährig geöffnet

Der hübsche Leuchtturm weist seit 1871 den Weg in den Timmendorfer Hafen

Aktivitäten

Reiterhof Schulz in Neuhof
Reitstunden auf dem Hof und Kutschfahrten für Anfänger. Erfahrene reiten durchs Gelände und am Strand.
Neuhof 20 | Tel. (03 84 25) 2 06 15 | www.gestuet-neuhof.de

Wassersport Insel Poel
Ideales Revier für Wind- und Kitesurfer. Schnupperkurse oder Mehrtagesprogramm. Material- und Paddelbootverleih.
Lotsenstieg 25 | Tel. (01 72) 2 68 84 69 | www.wassersport-insel-poel.de

Mitsegeln Wismar
Mitsegeln auf dem Katamaran ab Timmendorf in die Wismarbucht oder bis nach Holstein.
Tel. (01 76) 26 49 06 61 | www.mitsegeln-wismar.de

Minigolf
Direkt hinter den Dünen beim Zeltplatz befindet sich eine Minigolfanlage.

Schiffstour Timmendorf – Boltenhagen
Die *MS Sturmvogel II* fährt von Mai bis September zweimal wöchentlich nach Boltenhagen.
Fahrgastschifffahrt Haker und Bethke | Tel. (03 84 28) 6 36 92

Klützer Winkel & Boltenhagen

Im Klützer Winkel verstecken sich Ortschaften mit alten Reetdachhäusern, historische Gutshäuser und romantische Schlösser. An der Küste locken wenig besuchte Strände und das traditionsreiche Ostseeheilbad Boltenhagen.

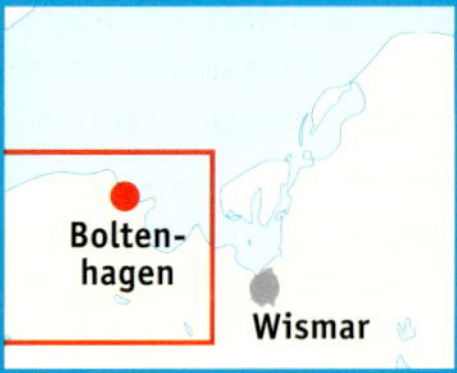

Klützer Winkel

Das idyllische Hinterland der Ostsee zwischen Wismar, Dassow und Grevesmühlen trägt den Namen Klützer Winkel. Hauptort ist die Kleinstadt Klütz. Vier Kilometer davon entfernt liegt das bekannte Ostseebad Boltenhagen.

Die letzte Eiszeit hinterließ im Klützer Winkel sanfte Hügelketten, eine wilde, bis zu 30 Meter hohe Steilküste und flache Buchten. Stattliche 89 Meter beträgt die höchste Erhebung: der nur vier Kilometer von der Ostsee entfernte Hohe Schönberg. Von seiner Aussichtsplattform schweift der Blick über Felder und die Lübecker Bucht.

Den schönsten Eindruck von der Landschaft erhält man auf dem Ostseeküsten-Radweg. Er verläuft mit grandiosen Ausblicken oberhalb der Steilküste auf dem ehemaligen **Kolonnenweg.** Hier patrouillierten bis 1989 die Kontrollposten der DDR-Grenzsicherung. Etwa fünf Kilometer nördlich von Boltenhagen ist aus dieser Zeit noch ein Wachturm erhalten.

Heute suchen Spaziergänger unten am Strand nach Hühnergöttern. Badelustige sind westlich von Boltenhagen nur vereinzelt anzutreffen, da die Ufer meist steinig sind. Ab **Brook** in Richtung Travemünde-Priwall werden die Strände zwar breiter, doch auch hier finden sich selbst im Sommer noch einsame Plätze.

Die Ortschaften im Klützer Winkel sind meist klein mit überschaubaren Ferienhaussiedlungen. Historische Gutshäuser und Schlösser liegen verstreut zwischen Kornfeldern. Vielerorts fanden sie nach dem Fall der Mauer neue Besitzer, die den oft verfallenen Höfen neues Leben einhauchten.

Dort, wo die Privatinitiative nicht ausreichte, wie bei der barocken Schlossanlage Bothmer in **Klütz,** übernahm das Land die Zügel und sanierte nach historischem Vorbild. Das eindrucksvolle Schlossensemble mit seinem imposanten Garten und ein dazugehöriges Restaurant sind heute wieder zugänglich und das kulturelle Highlight im Klützer Winkel.

Die Kleinstadt Klütz selbst hat mit dem Uwe-Johnson-Haus, der Alten Molkerei – heute Galerie und Brennerei – sowie der wiederaufgebauten Schmalspurbahn ebenfalls einiges zu bieten.

Im Ostseebad **Boltenhagen** geht es in der Saison trubelig zu. Auf 2 500 Einwohner kommen 10 000 Gästebetten – viele in Ferienwohnungen. In dem langgestreckten Ort und an dem vier Kilometer langen, wunderschönen Sandstrand verteilen sich die Urlauber jedoch recht gut. Mit Kurpark, Bäderarchitektur und Seebrücke schaut Boltenhagen auf eine lange Seebadtradition zurück. Im Ortsteil Tarnewitz befindet sich die *Weiße Wiek* – ein riesiges Ferienresort mit Jacht- und Fischereihafen, Restaurants und Flaniermeile.

In Richtung Wismar schließt sich die **Wohlenberger Wiek** an. Die breite Bucht mit ihrem sehr flach ins Wasser abfallenden Strand ist ein Paradies für Kinder. In **Beckerwitz** bieten mehrere Zeltplätze und eine Jugendherberge die Möglichkeit, günstig zu übernachten.

◂ *Die Galerie-Holländerwindmühle auf dem Mühlenberg bei Klütz beherbergt heute ein Restaurant*

Von Urwald zu Ackerland

Die Besiedlung des einst von dichtem Wald bedeckten Landes begann im 13. Jahrhundert, als die ersten deutschen Siedler kamen. Heinrich der Löwe lockte mit Steuervergünstigungen und anderen Freiheiten. Die Kolonisten aus Holstein, Niedersachsen und Westfalen rodeten an zahlreichen Stellen den Wald und legten Felder an. Die Namensendungen -hagen und –horst sind typisch für Dörfer dieser Zeit, die mitten in der Baumwildnis entstanden. Im Laufe der Jahrhunderte wurde beinahe der gesamte Klützer Winkel abgeholzt, denn die Böden erwiesen sich als ungewöhnlich ertragreich. Nur der morastige Lenorenwald bei Kalkhorst überdauerte den Kahlschlag.

Viele Ortschaften wie das zwischen Boltenhagen und Grevesmühlen gelegene Dörfchen Bössow haben die Ursprünglichkeit des bäuerlichen Lebens bewahrt. Ein halbes Dutzend reetgedeckte Bauernhöfe gruppieren sich hier um eine kleine gotische Backsteinkirche. Ihr bulliger Turm zeugt davon, dass die Gotteshäuser früher auch als weltliche Schutzräume dienten – deshalb werden sie auch Wehrkirchen genannt.

In jüngerer Zeit profitiert auch der Klützer Winkel zunehmend vom Badetourismus an der nahen Ostseeküste.

Vom Bahnhof in Klütz startet die Kleinbahn „De Lütt Kaffeebrenner"

Klütz

Mitten in der Kornkammer Mecklenburgs und nur drei Kilometer von der Ostsee entfernt liegt der charmante 3 000-Seelen-Ort Klütz. Architektonisches Highlight ist das Barockschloss der Familie Bothmer.

Aber auch das Uwe-Johnson-Haus, die Alte Molkerei und die Mühle können Geschichten erzählen: von der landwirtschaftlichen Nutzung damals und der kulturellen heute. Seit Sommer 2014 dampft sogar wieder eine Kleinbahn ab Klütz.

Direkt neben dem belebten Marktplatz liegt die dreischiffige **Marienkirche**. Der Chor stammt aus der Spätromanik, während das Langhaus mit seinem Kreuzgewölbe und den Spitzbogenfenstern den Übergang zur Frühgotik markiert. Im Innenraum sind das gotische Chorgestühl, die Kanzel von 1587 und der Barockaltar von 1730 sehenswert.

Den Kirchturm aus dem 15. Jahrhundert beschrieb Uwe Johnson in seinen *Jahrestagen*. Die Beschreibung des fiktiven Ortes Jerichow passt genau auf Klütz: „Jerichow … war eine der kleinsten Städte in Mecklenburg-Schwerin, einwärts der Ostsee zwischen Lübeck und Wismar gelegen … mit einer Kirche aus der romanischen Zeit, deren Turm mit einer Bischofsmütze verglichen wird“. In einem restaurierten Getreidespeicher von 1890 informiert das **Uwe-Johnson-Haus** mit einer detaillierten Ausstellung über den Schriftsteller und sein literarisches Werk.

In derselben Straße lädt eine **Staudengärtnerei** in ihr blumiges Reich. Über 700 Stauden werden in einem großen Garten mit alter Fachwerkscheune von 1846 gezeigt. Von hier sind es etwa 700 Meter bis zum 32 Meter hohen Mühlenberg mit der **Galerie-Holländermühle** von 1904, die noch bis 1972 in Betrieb war. Eine Initiative von Klützer Bürgern verhinderte 1981 den drohenden Verfall. Viele freiwillige Handwerker und Helfer bauten die Mühle bis 1985 zu einem Restaurant um. Nach Leerstand und Verkauf wird die Mühle heute wieder als Restaurant genutzt.

Die Straße Mühlenberg führt zur Lübecker Straße, wo sich die **Alte Molkerei** (▸ Seite 86) befindet. Bis 1991 wurden hinter den Backsteinfassaden Milchprodukte hergestellt. Jetzt zeigen drei Galerien regionale Kunst aus Textil, Holz und Keramik, außerdem Schmuck und Papeterie. Ein Café sowie die Mosterei und Destillerie im Erdgeschoss sind vorübergehend geschlossen.

Auf dem Weg zum Schloss lohnt ein Abstecher in die Bahnhofstraße, wo sich das denkmalgeschützte **Bahnhofsgebäude** von 1905 befindet. Damals transportierte die im Volksmund „Kaffeebrenner“ genannte Kleinbahn vorrangig Getreide zur Malzfabrik nach Grevesmühlen. In den 1920er- und 1930er-Jahren nahm der Personenverkehr zu. 2005 wurde die Strecke stillgelegt. Die Stiftung *Deutsche Kleinbahnen* sorgte für eine Wiederbelebung. Zwischen Klütz und Reppenhagen wurden Gleise mit einer Spurweite von 600 Millimetern verlegt. Mehrmals täglich fährt nun in der Saison eine Kleinbahn durch die liebliche Landschaft.

Das Highlight von Klütz, ★ **Schloss Bothmer,** liegt am südwestlichen Ortsausgang. Der denkmalgeschützte Komplex aus mehrflügeligem Schloss und rechteckiger Garteninsel ist die größte erhaltene Barockanlage Mecklenburg-Vorpommerns. Der Architekt J.-F. Künnecke baute von 1726 bis 1732 ein einzigartiges Ensemble von 13 Gebäuden nach englischem und niederländischem Vorbild. Das sieben Hektar große Gelände ist komplett von einem Wassergraben umschlossen und wurde nach Vorbildern barocker Gartenkunst angelegt. Bauherr war der äußerst erfolgreiche Diplomat und Minister Hans Caspar von Bothmer. Er lebte in London in der berühmten 10 Downing Street und brachte mit dem Bau ein Stück England nach Mecklenburg.

Das Schloss blieb bis 1945 im Besitz der Familie. Es folgte die Enteignung und der Umbau zu einem Altenheim. Dabei wurden die Seitenflügel stark überformt, die barocke Ausstattung des Haupthauses blieb hingegen gut erhalten. 1998 erwarb ein Investor für eine D-Mark das Anwesen. Da er Sanierungsverpflichtungen nicht nachkam, fiel der Besitz 2008 an das Land Mecklenburg-Vorpommern zurück. Kurz darauf machten Bauarbeiter im Garten einen Überraschungsfund. In zwei alten Metallkisten lagerte das Tafelsilber der Familie. Vom Krieg gerettet, blieb es 70 Jahre unversehrt unter der Erde. Seit Mai 2015 kann das Schloss besichtigt werden. Trauzimmer, Saal, Café und Restaurant wurden für eine wirtschaftliche Nutzung integriert. Die jungen, motivierten

Schloss Bothmer ist Mecklenburgs größtes Barockschloss

Betreiber der Gastronomie bieten eine regionale, bodenständige Küche an. Das Schloss bildet außerdem eine hervorragende Kulisse für die *Festspiele Mecklenburg-Vorpommern*.

Beeindruckend ist die 270 Meter lange **Festonallee,** die von Süden auf das Schloss zuläuft. Die Linden wurden in der Mitte gespalten, beschnitten und ihre Äste umgebogen, so dass sich ein girlandenförmiges Baumspalier ergab.

Schloss Bothmer
Die größte barocke Schlossanlage Mecklenburg-Vorpommerns öffnete 2015 erstmals ihre Türen als Museum. In der Orangerie befindet sich ein empfehlenswertes Restaurant und Café. Das Angebot des großen Museumsshops reicht von lokalen Produkten über Souvenirs bis hin zu Linden, wie sie in der Festonallee stehen.
Am Park | Tel. (03 88 25) 38 53 18 76 81 | www.schlossbothmer-mv.de | Apr. Di–So 11–17, Mai/Juni/Sep. Di–So 10–18, Juli/Aug. tgl. 10–18, Okt. Di–So 10-17, Nov.–März Sa/So 11–16 Uhr | 6 € / 4 € / Kinder bis 18 Jahre frei

Literaturhaus Uwe Johnson
Die 2007 eröffnete Ausstellung führt tiefgründig durch das literarische Werk Uwe Johnsons. Im Haus befinden sich auch die Stadtinformation und die Bibliothek.
Im Thurow 14 | Tel. (03 88 25) 2 23 87 | www.literaturhaus-uwe-johnson.de | Apr.–Okt. Di–So 10–17 Uhr, Nov.–März Mi–Sa 10–16 Uhr

Verbindungen

Bus
Bus 345 fährt mehrmals täglich nach Boltenhagen und in die Gegenrichtung über Damshagen nach Grevesmühlen. Bus 240 fährt regelmäßig nach Wismar.

Übernachten & Essen

via Tipp **Landhaus Leidigkeit**
Familie Leidigkeit empfängt ihre Gäste herzlich in der hübsch eingerichteten Ferienwohnung. Diese liegt am Ortsrand. Bis zur Kirche sind es 700 Meter. Ein großes Grundstück mit Baumhaus und Schaukel für die Kinder sowie Sitzecken für die Gäste machen den Aufenthalt sehr angenehm.
Dorfstraße 25 | 23948 Niederklütz | Tel. (03 88 25) 3 78 88 | www.landhaus-leidigkeit.m-vp.de | €

Hotel Gutshaus Stellshagen
Bio- und Gesundheitshotel mit rein vegetarischem Restaurant und allergikerfreundlichen Speisen. In den Kochtopf kommen Gemüse und Kräuter aus dem eigenen Garten. Zwei Kilometer südwestlich von Klütz.
Lindenstraße 1 | Stellshagen | Tel. (03 88 25) 44-0 | www.gutshaus-stellshagen.de | €€

Landhaus Klützer Eck
Hier kommen Mecklenburgische Fisch- und Fleischgerichte auf den Teller. Gutbürgerliche Küche mit Raffinesse.
Im Kaiser 12 | Tel. (03 88 25) 2 93 19 | www.landhaus-kluetz.de

Einkaufen

Wochenmarkt
Lebensmittel wie Fleisch, Käse, Obst und Gemüse, außerdem Blumen.
Immer donnerstags auf dem Marktplatz

Hofladen Steinbeck
Fleisch und Wurst aus eigener Produktion. Café und Kuchen, Hofladen mit Bioprodukten und FeWos.
Dorfstraße 10 | Steinbeck (3 km nordwestlich von Klütz, zwischen Elmenhorst und Grundshagen) | Tel. (03 88 25) 2 33 40 | www.steinbecker-hofladen.de

Julia Schmoldt schafft mitten in Klütz in der Staudengärtnerei eine blumige Oase

Aktivitäten

Staudengärtnerei Klützer Blumenkate
Ein Besuch des großen Schaugartens mit über 700 Stauden ist nicht nur im Sommer einen Besuch wert.
Im Thurow 10 | Tel. (03 88 25) 2 43 89 | www.staudengärtnerei-klütz.de

De Lütt Kaffeebrenner
Vom denkmalgeschützten Kopfbahnhof verkehren mehrmals täglich historische Züge der Schmalspurbahn. Über sechs Kilometer geht es durch Felder von Klütz über Stellshagen nach Reppenhagen.
Bahnhofstraße 4 | Tel. (03 88 25) 3 71 65 | www.stiftung-deutsche-kleinbahnen.de

Abenteuer Golfpark Klütz
Auf der 3 000 m² großen Anlage befinden sich 18 Bahnen mit kreativen Hindernissen wie ein Wasserrad, ein Schiffswrack oder eine Seerobbe. Das zugehörige Café serviert Erfrischungen, Kaffee und Kuchen.
An der Festwiese 4 | Tel. (0 15 11) 6 53 43 95 | www.abenteuergolfpark-kluetz.de

Alte Molkerei
Die Kunst- und Kulturecke von Klütz mit drei Galerien. Mosterei, Brennerei und Café suchen zur Saison 2019 einen neuen Betreiber. Regelmäßige Veranstaltungen.
Lübecker Straße 3 | www.alte-molkerei-klütz.de | Mi–So 11–18 Uhr

Schmetterlingspark
In einer großen Freiflughalle mit üppiger Pflanzenwelt flattern bis zu 600 lebende tropische Schmetterlinge. Die größten unter ihnen haben eine Flügelspanne von 32 Zentimetern. Außerdem kann man unterschiedliche Lebensstadien vom Ei über die Raupe bis zur Puppe begutachten.
An der Festwiese 2 | Tel. (03 88 25) 26 39 87 | www.schmetterlingsgarten.de | Apr.–Nov. tgl. 9.30–17.30 Uhr | 7,50 € / 6,50 € / Kinder 5 €

Boltenhagen

Der Strand von Boltenhagen zählt zu den schönsten der Mecklenburgischen Ostseeküste: Er zieht sich auf vier Kilometern die sichelförmige Bucht entlang, fällt flach ins Wasser ab und hat puderweichen, feinen Sand. Das im Sommer quirlige Seeheilbad verschwindet hinter einem Streifen Küstenwald. Es bietet alles für einen erholsamen Kur-, Bade- und Familienurlaub.

Die Badetradition nahm bereits 1803 ihren Anfang, als Graf von Bothmer einen Badekarren am Strand bei Redewisch aufstellte. Ein solch hölzernes Gefährt, dessen Aufbau als Umkleidekabine diente und das bis zu den Achsen ins Wasser geschoben wurde, damit man über eine Stufenleiter direkt in die erfrischenden Fluten steigen konnte, ist heute gegenüber vom Kurhaus ausgestellt. Bis 1840 sollen zehn dieser Karren am Boltenhagener Strand gestanden haben. Um 1900 waren es sogar 50 Stück. Damit kann sich der Ort als zweitältestes Seebad Mecklenburgs rühmen, nach Heiligendamm. Die ersten Strandkörbe kamen ab 1882 in Mode. Mit der Errichtung von Logier- und Kurhäusern (um 1840), der Badeverwaltung (1868) und Seebrücke (1911) wurde Boltenhagen 1929 zum Ostseebad und 1976 staatlich anerkannter Kurort.

Bis zu seinem Aufstieg als Ostsee-Badeort unterschied sich Boltenhagen kaum von den bäuerlich geprägten Nachbardörfern im Klützer Winkel. Davon ist heute allerdings fast nichts mehr zu erkennen. Das liegt an den Folgen der Nacht vom 12. auf den 13. November 1872. Eine Sturmflut räumte beinahe sämtliche Häuser hinter dem Strand ab. Der damalige Pegel des hereinbrechenden Meeres lässt sich noch am Hochwas-

Die Kurpromenade in Boltenhagen führt vom Kurhaus zur Seebrücke

Steckbrief: Boltenhagen

Gründung: um 1230, 1. urkundliche Erwähnung 1336
Verwaltung: Amt Klützer Winkel
Einwohner: 2 500 (Stand 2017)
PLZ: 23946
Telefon-Vorwahl: 03 88 25
Fläche: 18 km²
Geografische Lage: An der Ostseeküste der Boltenhagenbucht. 3 km vom südlich gelegenen Klütz entfernt, 20 km von Wismar und 30 km von Lübeck
Besonderheit: Seebad seit 1803, „Staatlich anerkanntes Seeheilbad" seit 1998

serstein an der auf einem Hügel im Ortszentrum gelegenen Kirche zur Paulshöhe ablesen.

Seit 1998 darf sich Boltenhagen aufgrund der mineralhaltigen und gesundheitsfördernden Luft mit der Auszeichnung „Seeheilbad" schmücken. Um dem Titel gerecht zu werden, gibt es eine Kurklinik sowie ein gut ausgebautes Netz von Wander- und Fahrradwegen. Viele Hotels bieten Wellness- und Sportprogramme.

Die Bebauung Boltenhagens geht nicht über die Baumkronen des vor 150 Jahren gepflanzten Küstenwaldes hinaus, was dem Ort einen naturnahen, luftigen Charakter verleiht. Beachtlich sind die kleinen, individuellen Häuschen an fast jedem der 22 Strandaufgänge. Die privaten Betreiber kontrollieren die Kurabgabe, verleihen Strandkörbe, manche auch SUP- oder Surfboards. Kaffee, Strandlektüre oder Handgefertigtes gibt es vereinzelt auch im Angebot.

Sehenswertes im Ortszentrum

Das ★ **Kurhaus** mit Tourist-Information liegt auf einer Achse mit der 290 Meter langen ★ **Seebrücke.** Bereits 1911 wurde eine Brücke errichtet, damit die Ausflugsdampfer sicher anlanden konnten und ihre Passagiere nicht mehr von kleinen Booten abgeholt werden mussten. Der eisige Winter 1941 zerstörte die Brücke. Die heutige Seebrücke wurde erst 1992 errichtet.

An der Ecke zur Mittelpromenade fallen die in den 1920er-Jahren errichteten Häuschen auf. Ihre verzierten Fassaden und holzverkleideten Giebel sind die Schmuckstücke des Ortes. Im Erdgeschoss öffnen Läden und Cafés ihre Türen.

Daneben befindet sich der ★ **Kurpark** mit der **Konzertmuschel.** Die geschwungene, weiße Holzfassade knüpft an den Bäderstil der Ostsee an. Vor allem im Sommer finden im Park verschiedenste Open-Air-Veranstaltungen statt. Auf der Rückseite schließt die achteckige **Trinkkurhalle** an, die eine winzige Buchhandlung beherbergt.

Auf einer kleinen Anhöhe in der Ortsmitte steht die neugotische **Kirche zur Paulshöhe** von 1873, die im Jahr nach einer zerstörerischen Sturmflut errichtet wurde. Am Westgiebel ist außen eine Glocke angebracht. Im Innenraum ist ein Altarbild mit der Kreuzigungsszene aus dem Gründungsjahr erhalten.

Westlich der Seebrücke

Auch der Mundartdichter **Fritz Reuter** erholte sich in Boltenhagen und fand dort Inspiration für seine Werke. An der Seebrücke erinnert eine Bronzebüste mit Brille und Vollbart an ihn. Das reetgedeckte Fachwerkhaus, wo er zwischen 1850 und 1858 seine Urlaube verbrachte, steht im Fritz-Reuter-Weg im westlichen Teil des Ortes. Dorthin führt der parallel hinter dem Deich verlaufende Dünenweg. Einst patrouillierten hier Grenzsoldaten, damit niemand den Versuch unternahm, auf der Luftmatratze in die Freiheit zu schwimmen.

Auf dem Weg liegt die bis 1998 als Bibliothek genutzte **Lesehalle.** Sie verfiel bis 2006 und wurde dann bei ihrer Sanierung zu einem Restaurant umgebaut. Im Westen schließt die imposante, bis zu 30 Meter hoch aufsteigende ★ **Steilküste des Klützer Winkels** an. Von den Klippen bietet sich ein grandioser Ausblick auf den Naturstrand und die Ostsee.

Östliches Boltenhagen

Vom Ortszentrum führen drei parallel verlaufende Straßen in Richtung Osten. Hauptflaniermeile sind die autofreie **Mittelpromenade** mit ihren Geschäften und Restaurants sowie die schattige, parkähnliche **Strandpromenade** mit Spielplätzen, einem Fitness- und Aktivpark sowie einer Strandbar. Dazwischen liegen wunderschöne Strandhäuser und Villen – einige im typischen Bäderstil, der hier allerdings nicht an seine Vorbilder in Heiligendamm heranreicht.

Die **Ostseeallee** ist die Hauptstraße des Ortes. Campingplatz, Parkplätze, Supermarkt und vereinzelte Restaurants sind dort anzutreffen.

Nachgebauter Badekarren im Boltenhagener Kurpark

Vier Kilometer feinster Sandstrand an der Boltenhagener Sichelbucht

Tarnewitz

Am östlichen Ende Boltenhagens liegt das **Naturschutzgebiet Tarnewitz.** Die einstige Erprobungsstelle der Armee darf nicht betreten werden. Südlich davon entstand nach der Wende das große Ferienresort **Weiße Wiek** mit seiner Marina, Restaurants und Flaniermeile. Neben dem noblen Jachthafen liegen die typischen Kutter der Küstenfischer. Den frischen Ostseefisch kann man gleich am Hafen im *Fischereihof Kamerun* probieren, wo es auch einen Hofladen gibt (▸ Seite 93).

Redewisch

Der westlich gelegene Ortsteil Redewisch zieht sich mit einigen alten Backsteinhäusern knapp zwei Kilometer ins Hinterland bis zum **Gutshaus Redewisch.** Das einstige Rittergut blickt auf eine lange Familiengeschichte zurück. 1817 von Carl-Wilhelm Lueder gekauft, blieb es bis 1945 im Besitz der Familie. Auf die Bodenreform folgte die Enteignung. 1999 gelang es dem Nachfahren Ole Lueder, das Gut zurückzukaufen und zu einem anspruchsvollen Hotel auszubauen.

Verbindungen

Bus

Bus 240 verkehrt im 1–2-Stunden-Takt nach Wismar. Abfahrt am Kurhaus, an der *Weißen Wiek* und weiteren Haltestellen.

Bus 345 fährt über Klütz nach Grevesmühlen.

Die Linie 321 fährt von Boltenhagen über Klütz nach Kalkhorst.

Information

Tourist-Information Boltenhagen

Informationen, Zimmervermittlung und Kurverwaltung. Tipp: Kurkarteninhaber erhalten in der Hauptsaison jeden Tag die lokale Ostsee-Zeitung gratis.

Ostseeallee 4 | Tel. (03 88 25) 3 60-0 |
www.boltenhagen.de |
Hauptsaison: Juni–Sep. tgl 10–18 Uhr,
Nebensaison: verkürzt

Übernachten

Seehotel Großherzog von Mecklenburg 1
Luxuriöses Hotel direkt hinter den Dünen mit regionaler Bioküche und hauseigenem Kräutergarten. Spa-Bereich mit herrlichem Meerblick.
Ostseeallee 1 | Tel. (03 88 25) 50-0 | www.seehotel-boltenhagen.de | €€€

Gutshaus Redewisch 2
Das familiengeführte Hotel in einem alten Gutshof liegt knapp 2 Kilometer von der Ostsee entfernt. Ideal für Ruhesuchende.
Redewischer Straße 46 | Tel. (03 88 25) 37 60 | www.gutshaus-redewisch.de | €€

Ferienwohnungen

Pension Alte Häuslerei 3
Modern eingerichtete Zimmer mit kleiner Pantryküche. Im Erdgeschoss befindet sich ein Café mit hausgemachtem Kuchen.
Mittelpromenade 32 | Tel. (03 88 25) 2 10 39 | €€

Das Bauernhaus 4
Idyllisches Niederdeutsches Bauernhaus mit Hühnern, Enten und Ponys. Pensionszimmer im Haus sowie Ferienhäuser. Ferienhausgäste können das Frühstücksbuffet im Haus oder den Brötchenservice dazubuchen.
Dünenweg 5a | Tel. (03 88 25) 2 92 19 | www.das-bauernhaus-boltenhagen.de | €€

Camping

Regenbogen
Ganzjährig geöffneter Zelt- und Wohnmobilstellplatz mit mietbaren Holzhäusern im skandinavischen Stil. Wellnessangebote und Sauna.
Ostseeallee 54 | Tel. (03 88 25) 4 22 22 | www.regenbogen.ag

Essen & Trinken

Kleine Büdnerei 1
Übersichtliche Karte mit mediterranen Fisch- und Fleischgerichten. An der Bar gibt es Cocktails und Whisky. Highlight: Livemusik am Donnerstag (Himmelfahrt bis Oktober).

In Tarnewitz treffen Fischerboote auf die Jachten der Freizeitkapitäne

Mittelpromenade 33 | Tel. (03 88 25) 3 78 03 | www.kleinebuednerei.de

Blinkfür 2

Maritim eingerichtetes Restaurant mit dem Schwerpunkt auf Fisch. Einige Fleisch- und vegetarische Gerichte gibt es auch. Im Sommer wird im Räucherofen selbst geräuchert.

Ostseeallee 64 | Tel. (03 88 25) 2 21 14 | www.blinkfuer-boltenhagen.de

Café Lindquist 3

Das gemütliche, im skandinavischen Stil eingerichtete Café der Finnlandschwedin Pia Lindquist-Franz lockt mit nordischen Köstlichkeiten, Törtchen, Suppen, Burgern und Salaten.

Strandpromenade 36 | Tel. (03 88 25) 2 92 80 | www.cafe-lindquist.de

café pralinchen & co. 4

Hausgemachte Pralinen und leckere Torten. Tägliches, reichhaltiges Frühstücksbuffet (in der Saison) und Brunch mit Räucherfisch und Spezialitäten am Wochenende.

Ostseeallee 6a | Tel. (03 88 25) 2 17 01 | www.cafe-pralinchen-boltenhagen.de

Abends

Banana Jack

Lounge, Cocktailbar und Club direkt neben dem Campingplatz.

Ostseeallee 58 | Tel. (03 88 25) 2 10 30

An der 290 Meter langen Seebrücke legen die Ausflugsdampfer an

Harry's Bar
Gediegenes Cocktailtrinken im Seehotel Großherzog von Mecklenburg.
Ostseeallee 1 | Tel. (03 88 25) 50-0 | www.seehotel-boltenhagen.de

Einkaufen

De Fischer un sien Fruh
Fisch direkt vom Boltenhagener Fischer. Roh, geräuchert oder auch im Fischbrötchen.
Fritz-Reuter-Weg 5 und im Dünenweg bei Redewisch

Bioladen & Café
Ein Teil des Sortiments kommt von Höfen aus der Region, die Backwaren werden in Damshagen zubereitet. Täglich Frühstück und Mittagstisch.
Ostseeallee 110 | Tel. (03 88 25) 37 74 04 | www.stellshagen-und-meer.de

Buch im Kurpark
Winziger, origineller Buchladen mit Kunstgalerie nahe der Seebrücke.
Am Kurpark 1 | Tel. (03 88 25) 26 71 57 | www.boltenhagenverlag.de

Chocohelden
Schokoladenliebhaber werden in der feinen Manufaktur, in der man sich seine Wunschschokolade selbst zusammenstellen kann, ihr Glück finden. Ideal auch für kleine Mitbringsel und Aufmerksamkeiten.
Ostseeallee 6b | Tel. (03 88 25) 9 79 80 20 | www.chocohelden.de

Aktivitäten

Piratenführung
Hier lernen Kinder einmal wöchentlich das Handwerkszeug für einen waschechten Piraten und danach geht es auf Schatzsuche durch Boltenhagen. Nur in der Hauptsaison!
Juli/Aug. Mi 10.30 Uhr | Treffpunkt: Festwiese am Kurhaus | Anmeldung nicht erforderlich

Buddelschiffmuseum
Wie das Schiff in die Flasche kommt, erklärt Jürgen Kubatz in seinem Museum mit über 250 Buddelschiffen. Kinder können in kleinen Kursen ihr eigenes Modell bauen.
Ostseeallee 23 | Tel. (03 88 25) 2 90 62

Rauskuttern mit dem Fischer
Der *Fischereihof Kamerun* mit Räucherei, Restaurant und Hofladen liegt im Hafen der *Weißen Wiek* in Tarnewitz. Zu Sonnenaufgang fährt Fischer Uwe Dunkelmann raus auf die Ostsee. Wer will, kann ihn begleiten und auch beim Fischen mit anpacken.
Anmeldung unter Tel. (01 70) 2 35 23 26

SwinGolf Boltenhagen
18 Bahnen auf frischem Rasen, ein dreiseitiger Schläger und leichte Regeln sorgen für Spielspaß.
Ausbau 16 | Redewisch/Großklützhöved | Tel. (03 88 25) 97 97 97 | www.swingolf-boltenhagen.de | Apr.–Nov. 10–18 Uhr, in der Hauptsaison bis 20 Uhr | 12 € / Kinder 7,50 €

Dampferfahrten
Von Ostern bis Mitte Oktober Fahrten von der Seebrücke nach Wismar, Travemünde und Timmendorf (Poel) sowie eine Seerundfahrt durch die Boltenhagener Bucht. Aktuelle Fahrzeiten an den Anschlagstafeln.
Fahrgastschifffahrt Haker und Bethke | Tel. (03 84 28) 6 36 92 | Bordtelefon (01 60) 6 72 54 33

Kletterpark
Im evangelischen Jugenddorf gelegen, bietet der Park fünf unterschiedliche Parcours. Highlights sind der Basejump aus 10 Metern Höhe, die 80 Meter lange Seilbahn und das 11 Meter hohe Kletternetz.
Ostseeallee 101 | Tel. (01 72) 6 07 40 54 | www.kletterpark-boltenhagen.de

Wohlenberger Wiek

Zwischen Wismar und Klütz liegt die von schmalen Stränden gesäumte Wohlenberger Wiek. Im Hinterland fügen sich kleine Ortschaften und Kornfelder zu einem idyllischen Bild.

Benannt wurde die halbrunde Bucht nach der kleinen Ansiedlung Wohlenberg. Die Bucht mit ihrem flachen Wasser eignet sich ideal für den Familienurlaub. Der südliche Strand ist zwar nicht so breit wie in Boltenhagen, aber ebenfalls ohne Steine und mit herrlich klarem Wasser. Ein kleiner Waldstreifen trennt den Strand von der viel befahrenen Straße nach Boltenhagen und vom **Kinderland,** das mit Motorrädern, Quads und Strandbuggys für gute Laune bei jungen Rennfahrern sorgt. Wassersportler können in **Gramkow** kiten, surfen oder segeln lernen.

In Wohlenberg machte Familie Pagels ihr Hobby zum Beruf. Hier dreht sich vom Anbau über die Verarbeitung bis zum Verkauf alles um **Sanddorn.** Wer mehr über die kleinen Vitaminbomben erfahren möchte, kann an kostenlosen Führungen über die Plantage teilnehmen. Die Produkte und ein frisches Glas Sanddornsaft gibt es in einem kleinen **Hofladen in Wohlenberg.**

Die Wohlenberger Wiek ist bei Wassersportlern sehr beliebt

In **Hohenkirchen** ist die alte Dorfkirche aus dem 15. Jahrhundert sehenswert, die von ihrem Hügel in die weite Landschaft schaut. Unweit davon bewirtschaftet der **Erdbeerhof Glantz** mehrere Plantagen. Wer möchte, kann hier Erdbeeren und Himbeeren selbst pflücken. Der bereitgestellte Korb ist schnell voll und für den Geldbeutel hat es sich auch gelohnt, denn hier kosten die Früchte nur die Hälfte vom Ladenpreis.

Verbindungen

Bus

Bus 240 fährt im 1–2-Stunden-Takt nach Boltenhagen und/oder Tarnewitz sowie nach Wismar.

Übernachten

Ferienanlage Seeblick in Niendorf

Idyllischer Campingplatz und Ferienanlage an der *Wohlenberger Wiek*. Mietwohnwagen stehen auch zur Verfügung.

Strandstraße 20 | Tel. (03 84 28) 6 02 22 | www.seeblick-niendorf.de

Campingplatz Liebeslaube

Direkt am Strand gelegener Platz mit einfachen Ferienwohnungen und „Tönnis" – kleinen, gemütlichen Holzfässern zum Übernachten.

Wohlenberger Wiek 1 | Tel. (03 84 28) 6 02 19 | www.campingplatz-liebeslaube.de

Ostseecamping Beckerwitzer Strand

Kleiner Campingplatz. Autos parken draußen vor dem Tor.

Ostseestraße 10 | Beckerwitz | Tel. (03 84 28) 6 02 65

Jugendherberge Beckerwitz mit Baumhausdorf

Das Haupthaus ist ein altes, unter Denkmalschutz stehendes Fachwerkgebäude. Übernachten kann man im Bettenhaus und in den wabenartigen Baumhäusern.

Zur Wiek 4 | Tel. (03 84 28) 6 03 62 | www.jugendherbergen-mv.de

Aktivitäten

via Tipp Wohlenberger Sanddorn-Hofladen

Der Familienbetrieb mit eigener Sanddorn-Plantage produziert Säfte, Aufstriche und Liköre nach eigenen Rezepten. Im Hofladen vor Ort gibt es auch eine breite Auswahl an Cremes und Tees. Interessierte können an kostenlosen Führungen über die Plantage teilnehmen.

An der Chaussee 15 | Tel. (03 88 25) 2 92 55 | www.sanddorn-hofladen.de

Erdbeerhof Glantz

Der alteingesessene Familienbetrieb hat seinen Sitz im Gutshaus in Hohen Wieschendorf. Erdbeerfelder für Selbstpflücker liegen zwischen Gägelow und Proseken. In der Adventszeit findet ein traditioneller Weihnachtsmarkt auf dem Gut statt.

Am Gutshof 14 | Tel. (03 84 28) 63 78-0 | www.glantz.de

Surf Knopf

Das flache Wasser eignet sich ideal fürs Surfen, Kiten und Segeln. Anfänger und Profis können ihre Kenntnisse in Schnupper-, Grundkursen oder bei Trainingsstunden erweitern.

Wohlenberger Wiek 1 | Tel. (01 70) 4 44 63 54 | www.surfknopf.de

Kindermotorland

Kinder fahren auf kleinen Motorrädern, Quads und Strandbuggys um die Wette. Zudem Großtrampoline, Softballkanonen und vieles mehr.

Einfahrt von der Landstraße 01 | Niendorf | Tel. (03 84 28) 6 11 43 | www.kindermotorland.de

Grevesmühlen

Grevesmühlen gehört zu den ältesten Städten Mecklenburgs. Die 12 000-Einwohner-Stadt an der Bundesstraße zwischen Lübeck und Wismar grenzt an zwei Seen. Im Osten befindet sich der Everstorfer Forst mit steinzeitlichen Hünengräbern.

In der Innenstadt von Grevesmühlen laden einige schöne Straßenzüge mit zweistöckigen Bürgerhäusern und restaurierten Fachwerkbauten zum Spaziergang ein. Für einen Einkaufsbummel bietet es sich an, vom Markt in die **Wismarsche Straße** mit kleinen Geschäften und Restaurants abzubiegen. Im 1850 erbauten Haus Nummer 13/15 erblickte sechs Jahre später Rudolph Karstadt das Licht der Welt. Vom Rathausplatz führt die **August-Bebel-Straße** zum Kirchplatz mit der 1230 erbauten **Nikolaikirche.** Die dreischiffige Hallenkirche wurde 1870–72 um einen achteckigen, gewölbten, neugotischen Chorraum ergänzt. Der Turm trug ursprünglich einen Helm, der abbrannte und nach dem Wiederaufbau einstürzte. Es lohnt ein Blick ins Innere der Kirche, deren weißgetünchte Flächen einen freundlichen Kontrast zu den Backsteinen bilden.

Den besten Blick auf die Stadt bietet der 45 Meter hohe Kirchturm (Schlüssel in der Tourist-Info gegenüber). Von dort ist die 1873 in gelben Backsteinen errichtete **Malzfabrik** im Westen erkennbar, die heute Sitz der Verwaltung des Landkreises Nordwestmecklenburg ist. Im Norden reckt eine **Galerie-Holländermühle** ihre Flügel in den Wind, jedoch können sich diese nicht mehr drehen, da in den 1980er-Jahren die Innentechnik komplett entfernt wurde.

Am Kirchplatz gegenüber vom Turmeingang fällt ein massiver Backsteinbau aus dem 19. Jahrhundert ins Auge. Ursprünglich als Schulgebäude errichtet, sind dort heute **Stadtinformation** und **Museum** untergebracht. Eine Ausstellung dokumentiert die Ur- und Frühgeschichte sowie die Stadtgeschichte bis in die Neuzeit. Eine eigene Abteilung widmet sich der Cap-Arcona-Katastrophe (▸ Seite 71). In der Nachbarschaft auf dem Kirchplatz und in der Kirchstraße stehen weitere denkmalgeschützte, teils noch mit Fachwerk errichtete Häuser.

Wieder auf der August-Bebel-Straße lohnt es, bis zum Ende zur **Nummer 51** zu gehen. Dort befand sich eine Mühle mit Kornspeichern und Wohnhaus. In dem hübsch sanierten Backsteinhaus sind heute Wohnungen untergebracht. Bei einem Blick um die Ecke in die Goethestraße fällt ein 1921 erbautes Haus mit Backsteinfassade, weißen Pilastern und Sockel auf. Es gehört zum Rathaus. Am Amtsgericht vorbei durch den Park hindurch gelangt man wieder zur Kirche.

Everstorfer Forst

In dem Wald östlich von Grevesmühlen befinden sich **Großsteingräber.** Die Gräber wurden aus 15 Findlingen errichtet und stammen aus der Jungsteinzeit, der sogenannten Trichterbecherkultur von 4200–2800 v. Chr. Außerdem ist ein Sühnestein aus Kalk von 1381 erhalten.

Um die Gräber zu erreichen, fährt man entlang der B 105 Richtung Wismar und biegt hinter Degtow nördlich in den Wald. Nach weiteren zwei Kilometern erreicht man die erste Gruppe der Gräber.

Um die zweite Gruppe zu erreichen, fährt man weiter Richtung Hoikendorf und folgt dann dem Abzweig

Blick vom Kirchturm in Grevesmühlen

Richtung Barensdorf. Kurz bevor man zurück auf die B 105 kommt, liegen die Gräber an der westlichen Straßenseite. Weitere Gräber befinden sich ein Stück weiter, südlich der B 105.

Verbindungen

Bahn
RE-Züge fahren stündlich Richtung Lübeck sowie Bad Kleinen.

Bus
Linie 330 fährt alle 1–2 Stunden nach Wismar. Linie 345 verkehrt ebenfalls alle 1–2 Stunden über Klütz nach Boltenhagen/Tarnewitz.

Information

Stadtinformation & Museum
Mit Zimmervermittlung.
Kirchplatz 5 | 23936 Grevesmühlen | Tel. (0 38 81) 7 23-222 | www.grevesmuehlen.info | Di/Do 10–12 und 13–18 Uhr, Mi/Fr 10–12 und 13–17 Uhr

Essen & Trinken

Seeschlösschen Restaurant-Café-Bar
Herrliche Lage am See. Die Karte bietet Vegetarisches, Fisch und Fleisch bis hin zum XL-Burger. Räucherfisch, Kuchen und Cocktails gibt's auch.
Am Ploggensee 7 | Tel. (0 38 81) 71 60 00 | www.seeschloesschen.m-vp.de | Mo und Di Ruhetag

Aktivitäten

Steinzeitdorf Kussow
Lebensweisen der Jäger und Sammler mit ihren Werkzeugen, Behausungen und Handwerkstechniken kann man im Steinzeitdorf Kussow kennenlernen. 7 km nordwestlich von Grevesmühlen.
Kussower Weg 9 | Tel. (0 38 81) 71 50 55 | www.steinzeitdorf-kussow.de | Apr.–Okt. tgl. 10–17 Uhr, Nov.–März tgl. 10–15 Uhr | 4 € / Kinder 2,50 € / Familien 9 €

Westlicher Klützer Winkel & Priwall

Der Klützer Winkel zwischen Boltenhagen und Priwall lässt sich bestens mit dem Fahrrad erkunden. Kleine, kaum befahrene Straßen führen von einer Hügelkuppe über die nächste. Kalkhorst ist die größte Gemeinde im westlichen Zipfel des Klützer Winkels.

Kalkhorst

Drei Kilometer von der Ostsee entfernt liegt **Kalkhorst** ziemlich abgeschieden zwischen Wiesen und Feldern. Im Zentrum steht die gotische **Backsteinkirche St. Laurentius** von 1250. Zusammen mit einem niederdeutschen Hallenhaus und einer Fachwerkzeile markiert sie den historischen Kern des ansonsten unspektakulären Ortes. Das **Kuriose Muschelmuseum** – auch *Schmunzelmuseum* genannt – ist zur Zeit geschlossen und soll zusammen mit dem Miniaturenpark in einen Neubau integriert werden. Dann sind die 3000 Muscheln mit ihren fantasievollen Namen hoffentlich wieder zu bewundern. Winzig kleine Muscheln und bis zu 35 Kilogramm schwere Schalen verdeutlichen die Artenvielfalt. Sie wurden alle von Sammlern an den Stränden dieser Welt aufgelesen.

Das Schlossgut Groß Schwansee ist heute ein luxuriöses Hotel

Etwas außerhalb, am Rande des **Lenorenwalds,** versteckt sich das in der zweiten Hälfte des 19. Jahrhunderts errichtete **Neugotische Schloss Kalkhorst.** Seit 1999 ist es in Privatbesitz. Herausragend wegen seiner Artenvielfalt ist das Arboretum mit einem Riesen-Mammutbaum von 1871, einer Atlas-Zeder von 1865 sowie Ginkgo, Douglasie und verschiedenen Zypressenarten.

Groß Schwansee

Richtung Ostsee im Kalkhorster Ortsteil Groß Schwansee liegt ein weiteres Schlossgut: die 1745 im barocken Stil errichtete und im klassizistischen Stil umgebaute **Gutsanlage Groß Schwansee.** Hinter der klassizistischen, weißen Fassade des schlichten, dreistöckigen Baus befindet sich ein luxuriöses Hotel. Auf dem Anwesen ist noch der alte Schlossteich erhalten sowie ein markantes rotes Gebäude. Dieser einstige Pferdestall ist heute ein Restaurant.

Ansonsten besitzt der Ort Groß Schwansee keine weiteren nennenswerten Sehenswürdigkeiten – abgesehen von einem sehr schönen, naturbelassenen **Sandstrand.** Hier gibt es weder Strandkörbe noch Kurtaxe. Dafür hat man den besten Blick auf die dicht vorbeifahrenden Fähren, die auf dem Weg nach oder aus Travemünde und Lübeck sind.

Im Osten schließt das **Naturschutzgebiet (NSG) Brooker Wald** an. Im Westen das 580 Hektar große **NSG Küstenlandschaft zwischen Priwall und Barendorf mit Harkenbäkniederung,** das bis zur Halbinsel Priwall reicht. Die Harkenbäk ist ein eiszeitlich entstandener Bach, der in die Ostsee mündet.

Besonders reizvoll ist es, dieses Areal mit dem Fahrrad auf dem Kolonnenweg zu durchqueren.

Priwall

Der Priwall gehört seit 1226 zu Travemünde. Hier befand sich der östlichste Grenzposten der DDR. Während der innerdeutschen Teilung war die Halbinsel nur über den Seeweg zu erreichen. Direkt an der Mole verkehrt von Mitte März bis Ende Oktober eine Personenfähre nach Travemünde. Die Autofähre fährt an der Mecklenburger Landstraße ab. Sie verkehrt ganzjährig.

www.sv-luebeck.de

Verbindungen

Bus

Bus 321 fährt zwischen Klütz und Kalkhorst-Dassow.

Übernachten & Essen

Schlossgut Groß Schwansee

Elegantes Hotel mit französisch angehauchter Küche in der Brasserie.

Am Park 1 | 23942 Groß Schwansee | Tel. (03 88 27) 88 48-0 | www.schwansee.de | €€€

Café Blau & Pension

Zwei moderne Apartments, dazu ein stilvolles Café mit Selbstbedienung und hausgemachten Kuchen. Die Inhaber wohnen mit im Haus.

Lindenstr. 49 | 23942 Groß Schwansee | Tel. (03 88 27) 49 99 58 | www.cafe-blau-pension.de | €€

Café Do-So 14-18 Uhr (Ostern bis Ende Oktober)

Aktivitäten

Hof Hoher Schönberg

Hier wird alles selbst geerntet und hergestellt. Natürlichkeit und Ursprünglichkeit sind oberste Prämisse. Eine Ölmühle presst Öl. Tiere im Hof. Zwischen Kalkhorst und Klütz.

Kalkhorster Straße 37 | Hohen Schönberg | Tel. (03 88 27) 88 82 34 | www.hofhoherschoenberg.de

Schwerin

Schwerin ist die wohl schönste Landeshauptstadt Deutschlands. Das märchenhafte Schloss, die Lage am Schweriner See und die barocken Gärten sind einzigartig. In der Innenstadt sorgen viele Läden und Restaurants für urbanes Leben.

Schöne Landeshauptstadt

Die kleinste Landeshauptstadt Deutschlands kratzt mit ihren 99 000 Einwohnern am Großstadttitel. Trotzdem ist es nicht das Großstädtische, was die Besucher nach Schwerin lockt.

Sie schätzen eher die vielen Sehenswürdigkeiten, die alle nah beieinander liegen. Allen voran das märchenhafte **Schloss,** das auf einer Insel im See thront. Heute tagt hier der Landtag. Öffentlich zugänglich ist das Schlossmuseum mit seinen prunkvollen Sälen.

In der kleinen, aber geschäftigen Innenstadt sorgen imposante Residenzbauten für Noblesse. Dieses Antlitz verdankt die Stadt den Mecklenburgischen Herzögen. Im 19. Jahrhundert ließen sie ganz nach ihrem Gusto die Stadt umgestalten und verliehen ihr ein klassizistisches Aussehen.

Ein Spaziergang vom Schloss zum Markt führt durch hübsch renovierte Altstadtgassen mit kleinen Fachwerkhäusern und herrschaftlichen Regierungsbauten. Mittendrin liegt der **Altstädtische Markt,** die gute Stube von Schwerin. Der Platz wird überragt vom einzigen Gebäude, das noch aus dem Mittelalter stammt: dem **Schweriner Dom.**

In der historischen Innenstadt verführen Läden zu einem Shoppingbummel. Zahlreiche Restaurants und Konditoreien bieten Sitzplätze im Freien. Im *Café Prag* (▸ Seite 116) glaubt man sich fast in Wien.

Sehenswert ist auch der Stadtteil **Schelfstadt** mit seinen Fachwerkhäusern und grünen Hinterhöfen, wo es ruhiger, aber kreativ zugeht. Galerien und Accessoire-Läden liegen links und rechts der Kopfsteinpflastergassen.

Gleich um die Ecke befindet sich der **Pfaffenteich** mit 15 Meter hoher Wasserfontäne, Schwaneninsel und Fährbetrieb. Ein schöner Spazierweg umrundet das Gewässer. Dahinter erheben sich eindrucksvolle Bauten aus der Gründerzeit.

An den sieben Seen im Schweriner Stadtgebiet verlaufen oft Uferpromenaden mit Rad- und Fußwegen. Unter ihnen ist der **Schweriner See** der größte. Er begrenzt die Innenstadt nach Osten. Ein Hafenareal mit Restaurant und Hafenkneipe befindet sich nördlich vom Marstall.

Besonders stolz waren die Schweriner 1990, als sie sich gegen das viel größere Rostock als Landeshauptstadt von Mecklenburg-Vorpommern durchsetzten. Heute stellen die Landtagsabgeordneten im Schweriner Schloss die Weichen für die Politik des Bundeslandes. Mit dem Zuzug vieler Beamter kam ein zahlungskräftiges Publikum nach Schwerin. So etablierte sich eine Restaurantlandschaft mit gehobener Küche und regionalen Produkten.

Highlights

★ **Schweriner Schloss:** Märchenhafter Landtagssitz mit Schlossgarten

★ **Altstädtischer Markt:** Bunter Häusermix unterschiedlicher Epochen

★ **Schweriner Dom:** Stattlicher Bau auf dem Schweriner Domhügel

◂ *Schönes Fotomotiv in Schwerin: Altstädtischer Markt mit Blick auf den Dom*

Steckbrief: Schwerin

Gründung: 1160
Verwaltung: Schwerin ist kreisfreie Stadt und Landeshauptstadt von Mecklenburg-Vorpommern.
Einwohner: rund 99 000 (Stand 2017)
PLZ: 19053
Telefon-Vorwahl: 03 85
Fläche: Stadtfläche insgesamt 130,53 km^2, darunter 37,43 km^2 Wasserfläche
Geografische Lage: Am Westufer des Schweriner Innensees, 30 km südlich von Wismar, 100 km östlich von Hamburg und 90 km südwestlich von Rostock
Wirtschaft: Die Landesverwaltung ist ein bedeutender Arbeitgeber. Weitere große Betriebe sind: Deutsche Bahn (3 700 Beschäftigte), Helios Kliniken (5 000 Beschäftigte) und Nestlé (450 Mitarbeiter).
Arbeitslosenquote: 8,9 % (2017)

Auch der gut gefüllte Veranstaltungskalender lockt viele Besucher in die Stadt. Im Sommer sind die **Schlossfestspiele** ein Highlight. Falls das Wetter nicht mitspielt, lohnt ein Besuch des **Staatlichen Kunstmuseums.** Mit seiner außergewöhnlichen Sammlung niederländischer und flämischer Malerei genießt es unter Kunstkennern einen besonderen Ruf.

Stadt der Herzöge

Die Landschaft rund um den Schweriner See war bereits zur Bronzezeit besiedelt. Nachdem die germanischen Stämme die Gebiete jenseits der Elbe gen Süden und Westen verließen, wanderten slawische Bauern und Händler ein und errichteten ein Netz von Burgen. Auch in Schwerin hat es seit dem 8. Jahrhundert zwei Slawenburgen gegeben – eine davon befand sich auf der heutigen Schlossinsel.

Um 1160 machte sich der Sachsenherzog Heinrich der Löwe mit einem Heer in Richtung Mecklenburg auf, um das fruchtbare Land den heidnischen Slawen zu entreißen. Schwerin war das erste Ziel des langwierigen Kreuzzuges. Angesichts der Übermacht der Feinde machten sich die Verteidiger zunächst aus dem Staub und brannten ihre Burg auf der späteren Schlossinsel nieder. Heinrich errichtete an gleicher Stelle eine neue Grenzfestung und gründete, etwas abseits davon zwischen slawischen Bauernhütten, die Stadt Schwerin. Weitere Bedeutung erhielt der deutsche Vorposten im Slawenland, als er 1167 zum Bischofssitz des eroberten Heidenlandes ernannt wurde. Von Schwerin aus wurde die Christianisierung geplant und vorangetrieben.

1357 erwarb der mecklenburgische Landesherr Albrecht II. die Grafschaft Schwerin und schloss sie seinem Mecklenburger Stammland an. Seine Residenz verlegte er nach Schwerin. Die Burg auf der Insel erhielt Verteidigungswälle und erstmals einen repräsentativen Schlossbau. Trotz dieser Entwicklung zum politischen und kulturellen Zentrum des Landes kam Schwerin im Vergleich zu den wohlhabenden Handelsstädten der Ostsee nicht recht voran. Die Einwohnerzahl stagnierte bei 2 500 Seelen, auch bedingt durch Pestwellen. Zwei verheerende Stadtbrände in den Jahren 1531 und 1558 legten die Stadt fast vollständig in Schutt und Asche. Die Einwohnerzahl sank auf 500, noch ehe der Dreißigjährige Krieg zu wüten begann. So blieb die Stadt ein schmächtiger Verwaltungssitz, der zwar einen Dom und Klosterhöfe, Schloss und Fürstenschule, Markt und Rathaus, Stadtmauer und Stadttore hatte – aber eben auch viele einfache Lehmhütten und strohgedeckte Butzen.

Im Dreißigjährigen Krieg kam Schwerin vergleichsweise glimpflich davon. 1651 wurde die Stadt jedoch erneut durch einen katastrophalen Stadtbrand eingeäschert. Ein Grund, weshalb es im Gegensatz zu den Hansestädten heutzutage kaum mittelalterliche Giebelhäuser zu bewundern gibt.

Im 18. Jahrhundert kam Schwerin in ruhigeres Fahrwasser. Die Herzöge zeigten sich nach dem Vorbild der holländischen und französischen Regenten kunstliebend und brachten von ihren Bildungs- und Hochzeitsfahrten durch Europa allerlei Kunstgegenstände, Gemälde und Nippes für ihre Privatsammlung mit, was später zum bedeutsamen Grundstock des Staatlichen Museums wurde. Das Schloss platzte in Folge der Sammelwut aus allen Nähten und wurde mehrfach erweitert. So geriet die Schlossinsel zu einem architektonischen Sammelsurium aus höfischen Bauten und Nebentrakten.

Im Jahr 1764 kam es zu einer überraschenden Wendung. Herzog Friedrich der Fromme verlegte die Residenz kurzerhand nach Ludwigslust, einem herzöglichen Jagdsitz zwischen Rübenfeldern und Karpfenteichen, etwa 35 Kilometer südlich von Schwerin. Dort entstand binnen einer Dekade ein barockes Kleinod mit Schloss, herrlichem Landschaftspark und kleiner Beamtenstadt.

Doch schon 1837 zogen die Mecklenburger Herzöge an die alte Stätte zurück. 1842 entschied sich der neue, noch junge Herzog Friedrich Franz II., das alte Schloss grundlegend umzu-

Inoffizieller Titel des Schweriner Schlosses: Neuschwanstein des Nordens

bauen. Gleich vier Architekten wurden nacheinander in die Pflicht genommen und ihre Ideen verschmolzen miteinander: Georg Demmler, Gottfried Semper, Hermann Willebrand und August Stüler sind die namhaften Paten des neuen Wahrzeichens der Residenzstadt. So entstand bis 1857 ein kurioser Prachtbau mit Goldkuppel, der heute nicht von ungefähr den inoffiziellen Titel „Neuschwanstein des Nordens" trägt.

Im Laufe des 19. Jahrhunderts stieg die Einwohnerzahl Schwerins von 5 000 auf 40 000. Die Stadtmauer wurde abgetragen und der mittelalterliche Fischer- und Handwerkerkiez der Schelfstadt erhielt neue Straßenzüge mit eleganten Mietshäusern. Am Pfaffenteich schoss die gründerzeitliche Paulstadt als neuer Stadtteil aus dem Boden.

Auch wenn Schwerin schon 1847 an das Eisenbahnnetz angeschlossen und 1886 gar der modernste Theaterbau der Welt eingeweiht wurde, so verpassten es die Großherzöge doch, Stadt und Staat für die anbrechende Moderne fit zu machen. Die Landesverfassung galt als rückständig. Am Widerstand des privilegierten, alten Landadels in Mecklenburg scheiterten wichtige Reformen, die in anderen Teilen Deutschlands längst die Wirtschaftsentwicklung beflügelten. Mecklenburg blieb ein Agrarland.

1918 musste Großherzog Friedrich Franz IV. als letzter Regent der über 700-jährigen Familiendynastie der Mecklenburgischen Herzöge abdanken. Unter den Nationalsozialisten wurde aus dem Freistaat Mecklenburg-Strelitz 1934 der Gau Mecklenburg. Bis 1938 war ein Großteil der jüdischen Gemeinde zur Emigration gezwungen und die Synagoge in der Reichspogromnacht zerstört worden. Die meisten der etwa 50 verbliebenen Juden wurden 1942 bis 1944 in Konzentrationslager abtransportiert. Im Zweiten Weltkrieg kam Schwerin glimpflich davon: Trotz der vier Bombenangriffe wurden nur drei Prozent der Stadt zerstört.

Nach kurzer amerikanischer und britischer Besatzung übernahm 1945 die sowjetische Militäradministration das Kommando. Nach der DDR-Gründung wurde das Land Mecklenburg in die drei Nordbezirke Rostock, Neubrandenburg und Schwerin aufgelöst. In der Stadt lebten inzwischen nahezu 100 000 Einwohner, was einen dringenden Bedarf an neuem Wohnraum nach sich zog. Deshalb entstanden in den 1970er-Jahren an den Stadträndern gewaltige Plattenbauviertel. Auch die Altstadt sollte einer sozialistischen Moderne aus Stahlbeton weichen. Zum Glück fehlte dem SED-Regime das Geld – selbst für den Abriss. Die Priorität lag neben dem Wohnungsneubau auf der Ansiedlung von Großbetrieben, unter anderem Werken für Hydraulik, Lederwaren und Baustoffe, die allein knapp 7 500 Beschäftigte hatten.

Nach der friedlichen Revolution 1989 und der Wiedervereinigung mussten auch in Schwerin viele Betriebe schließen. Die Einwohnerzahl sank von 1989 bis 2012 auf 91 000, ein Minus von fast 40 000 Menschen.

Für Angestellte und Beamte hingegen blieb die Stadt attraktiv. Denn Schwerin setzte sich 1990 im Wettbewerb mit Rostock als Landeshauptstadt von Mecklenburg-Vorpommern durch. Das brachte nicht zuletzt für die Sanierung von Schloss, Residenzbauten und Mietshäusern dringend benötigte Geldmittel.

Einen weiteren Entwicklungsschub erhielt Schwerin durch die Bundesgartenschau, die 2009 rund um die Schlossinsel stattfand.

Georg Adolph Demmler: Architekt & Politiker

Er hat das Erscheinungsbild Schwerins geprägt wie kein anderer: Hofbaurat Georg Adolph Demmler.

Demmler war das uneheliche Kind einer Witwe und eines Schornsteinfegers aus Güstrow, den die Mutter 1804 heimlich in Berlin zur Welt brachte und bei einer Pflegefamilie aufwachsen ließ. Doch acht Jahre später verließ Demmlers Vater seine damalige Ehefrau, zog mit Demmlers Mutter zusammen und holte den gemeinsamen Sohn nach Güstrow.

Früh erkannte der Vater die bautechnische Begabung und förderte diese mit Privatunterricht. Das trug Früchte, denn mit 15 Jahren wurde Demmler als Schüler von Schinkel und Schadow in die Berliner Bauakademie aufgenommen. 1823 allerdings entlassen, da der liberale und frei denkende Demmler der verbotenen Burschenschaft *Arminia* angehörte. Schinkel und auch sein Vater verhalfen ihm mit ihren Beziehungen in den mecklenburgischen Staatsdienst, wo er als Baugehilfe anfing. 1832 wurde er zum Baumeister ernannt.

Seinen Durchbruch erreichte er Mitte der 1830er-Jahre, als die Residenz von Ludwigslust nach Schwerin verlegt wurde. Großherzog Paul Friedrich machte ihn 1837 zum Hofbaumeister und wenig später zum Hofbaurat. Nach dem Tod von Paul Friedrich arbeitete er fortan für dessen Nachfolger Friedrich Franz II., der ihn mit der Schlossumgestaltung beauftragte.

Demmler engagierte sich zunehmend auch politisch. Für die Arbeiter im Schloss führte er Kranken- und Unfallgeld ein. 1845 wählten ihn die Schweriner in den Bürgerausschuss. Die bürgerlichen Interessen kollidierten mit den höfischen und führten 1851 zu einem Zerwürfnis mit dem Großherzog. Demmler verließ den Hof und verzichtete auf seine Pension. Den Schlossumbau führte Stüler zu Ende. Ein großes Erbe der Eltern erlaubte es ihm, mit seiner Frau einige Jahre durch Europa zu reisen, bevor er 1857 nach Schwerin zurückkehrte und sich dem politischen Leben widmete. Er engagierte sich für die Sozialdemokratie und zog 72-jährig in den Reichstag ein. 1886 verstarb er in Schwerin und wurde im von ihm eigens entworfenen Mausoleum beigesetzt.

Sehenswertes in Schwerin

Der folgende Rundgang führt vom Hauptbahnhof durch die Innenstadt zum Altstädter Markt, durch die Schloßstraße, weiter zum Schloss und in die Schelfstadt.

Vom Hauptbahnhof in die Altstadt

Der repräsentative **Hauptbahnhof** stammt, wie so viele Gebäude in Schwerin, aus der Gründerzeit. Der Platz vor dem Bahnhof ist großzügig gestaltet. Ein Bronzebrunnen von 1910 thematisiert die Gründung der Seenotrettung. Benannt ist der Bahnhofsplatz nach Marianne Grunthal, die hier am 2. Mai 1945 von SS-Männern ermordet wurde – eine Stunde vor Ankunft der amerikanischen Truppen. Eine Gedenktafel an einem Laternenmast erinnert an sie.

Durch die Straße *Zum Bahnhof* gelangt man zum **Pfaffenteich.** Der 12 Hektar große, fast drei Meter tiefe See ist von einer herrlichen, mit Linden bepflanzten Uferpromenade eingerahmt. Seine heutige Form geht zurück auf den Hofbaumeister Georg Adolf Demmler, der ab 1840 mit der Begradigung und Bebauung der Ufer begann. In der Folge entstanden am Seeufer viele Bauwerke im Gründerzeitstil.

Das wegen seiner ockerfarbenen Fassade wohl markanteste und größte Bauwerk ist das **Arsenal** am südwestlichen Ufer. 1844 ebenfalls von Demmler errichtet, beherbergte der zweistöckige Bau im englischen Tudorstil einst das Waffenarsenal mit Kaserne, Militärgericht und Gefängnis. Heute sitzt in dem burgähnlichen Gebäude das Landesinnenministerium.

Die südliche Ecke des Pfaffenteiches wird von einer hübschen Uferterrasse begrenzt, die ein beliebter Treffpunkt ist. Hier beginnt auch die **Fußgängerzone Mecklenburgstraße.** Im Eckhaus mit der Nummer 1 baute sich Schwerins Hofbaumeister Demmler sein Wohnhaus. Eine Stück weiter am Pfaffenteich an der Ecke zur Friedrichstraße ist das weiße neoklassizistische Gebäude mit einem Restaurant im Erdgeschoss nicht zu übersehen. Es trägt den Namen **Kückenstiftung** und erinnert an den Komponisten Kücken (1810–1882), der in dem 1868 erbauten Haus seinen Lebensabend verbrachte. 1991 erwarb das ZDF das Gebäude, sanierte es denkmalgerecht und zog dort mit seinem Landesstudio ein.

Die Mecklenburgstraße mit ihren zahlreichen Geschäften führt ins Zentrum. Linker Hand fällt ein imposantes Gebäude auf – das **Post- und Telegrafenamt** von 1897. Über die Schmiedestraße gelangt man direkt zum **Altstädtischen Markt.**

★ Altstädtischer Markt

Um die circa 50 mal 50 Meter messende Marktfläche reiht sich ein bunter Häusermix unterschiedlicher Epochen. Das beste Fotomotiv ergibt sich von Süden mit dem mächtigen **Dom** im Hintergrund. Der 117,5 Meter hohe, neugotische Kirchturm mit seinem spitzen Helm wurde Ende des 19. Jahrhunderts errichtet (▸ Seite 114). An ihn schließt die dreischiffige gotische Backsteinbasilika aus dem Jahr 1416 an.

Das auffällige Säulengebäude am Fuß des Doms zählt mit seinen 14 dorischen Säulen an der Vorderfront zu den markantesten am Platz. 1785 erbaut, diente es ursprünglich als Markthalle. Seit 2001 lädt ein Ca-

Übernachten
1 Hotel Speicher am Ziegelsee
2 Pension am Dom
3 Ferienwohnung Großer Moor
Essen & Trinken
1 Restaurant Café Prag
2 La Bouche
3 Freydinger
4 Lukas
5 Suppenstube
6 Miss Törtchen
7 Ilka Eis
8 Rösterei Fuchs
9 Café Rothe
Schwerin
Schwerin Hbf.
ZOB
Schwerin Mitte
Ziegelsee
Pfaffenteich
Burgsee
Schweriner See
Ostorfer See
Schelfstadt
Paulsstadt
Altstadt
Feldstadt
Innenministerium
Dom
Schelfmarkt
Rathaus
Altstädtischer Markt
Marienplatz
Mecklenburg. Staatstheater
Staatl. Museum
Staatskanzlei
Marstall
Schloss
Burggarten
Schlossgarten
Finanzamt
Knaudtstraße
Güstrower Straße
Werderstraße
Lagerstraße
R.-Koch-Str.
Landreiterstraße
Hospitalstraße
Bornhövedstr.
Lehmstr.
Taubenstr.
Röntgenstr.
Gaußstraße
Körnerstr.
Schliemannstraße
Friedrichstraße
Münzstraße
Burgstraße
Großer Moor
Schloßstraße
Puschkinstraße
Schusterstr.
Schmiedestr.
Mecklenburgstraße
Goethestraße
Heinrich-Mann-Str.
Graf-Schack-Allee
Lennéstraße
Franzosenweg
Schloßgartenallee
Schleifmühlenweg
Johannes-Stelling-Straße
Burgseestraße
Ludwigsluster Chaussee
Ostorfer Ufer
Bleicherstraße
Hermannstr.
Brunnenstraße
Eisenbahnstraße
Gartenstraße
Schäferstraße
Wallstraße
Reiferstraße
Fritz-Reuter-Straße
Von-Thünen-Straße
Wittenburger Straße
Johannesstraße
Steinstraße
Mozartstr.
Lübecker Straße
Mehring-Str.
Franz-Mehring-Str.
Arsenalstraße
Zum Bahnhof
Dr.-Külz-Straße
Rosa-Luxemburg-Straße
Pestalozzistraße
Wismarsche Straße
Alexandrinenstraße
August-Bebel-Straße
Apothekerstraße
Schelfstraße
Bergstraße
Spieltordamm
250 m

Das Mecklenburgische Staatstheater wurde 1886 erbaut

fé auf seiner Sonnenterrasse zum Beobachten des Marktgeschehens ein.

Östlich davon steht das **Altstädtische Rathaus** mit der Tourist-Information. Drei Vorgängerbauten lassen sich bis ins 14. Jahrhundert zurückverfolgen, die jedoch immer Stadtbränden zum Opfer fielen. Der aktuelle Bau trägt die Handschrift des Architekten Demmler, der dem Haus 1835 eine neue Vorderfront im Tudorstil verpasste. Auf der mittleren Zinne blitzt ein goldener Reiter hervor. Es handelt sich um den Stadtgründer **Heinrich den Löwen,** der auch im Schweriner Stadtwappen zu sehen ist. Das neueste Denkmal für den Stadtgründer, eine vier Meter hohe Säule mit einem frech grinsenden Löwen an der Spitze, wurde zur 1 000-Jahr-Feier Mecklenburgs vom Bildhauer Peter Lenk auf dem Markt aufgestellt. Als die Säule 1995 enthüllt wurde, huschte Entsetzen über viele Gesichter. Stein des Anstoßes war die dargestellte Legende der Bardowicker Gesäßparade, bei der die Bürger dem durchreisenden Welfenherzog ihr nacktes Hinterteil zeigten. Auch andere Szenen seines Lebens wurden satirisch interpretiert.

Die hellen Hausfassaden an der Marktsüdseite stammen aus der Mitte des 19. Jahrhunderts. Bei dem Ensemble im Osten fällt besonders das Fachwerkhaus mit barockem Ursprung ins Auge. Seit 1860 wird es als Wohnhaus mit einer Ladenzeile im Erdgeschoss genutzt.

An der Rathausseite führt ein mittelalterlicher Torbogen direkt zum **Schlachtermarkt.** Ein kleiner Brunnen von 1978 stellt Szenen aus dem plattdeutschen Volkslied *„Von Herrn Pastorn sien Kau“* dar. In der **Schlachterstraße** stehen hübsche Fachwerkhäuser bis in die Straßenbiegung Domhof hinein. Dort befindet sich das älteste Haus Schwerins, gebaut 1574.

Schloßstraße

Über die **Schusterstraße** verlässt man den Markt in südlicher Richtung. In der 1. Engen Straße wirkt das Fachwerkhaus von 1698 mit seiner kleinen und windschiefen Fassade neben den großen Nachbarn wie ein vergessener Zeitzeuge vor dem großen Stadtumbau im 19. Jahrhundert.

An der **Schloßstraße** endet die Schusterstraße. Würde man hier rechts abbiegen, käme man zum Einkaufszentrum **Schlosspark Center.** Der angrenzende **Marienplatz** ist mit seinen Bus- und Straßenbahnlinien der Verkehrsknotenpunkt der Stadt.

Links herum auf der Schloßstraße geht es Richtung Schloss. Auf dem Weg lohnt ein Blick zum **Rokoko-Giebel des Hauses Nummer 10,** das 1765 erbaut wurde. Im 1909 errichteten, burgähnlichen Eckhaus schräg gegenüber befindet sich das **Café Prag** (▸ Seite 116). Das **Finanzministerium** auf der nördlichen Straßenseite zeichnet sich durch eine spätklassizistische Fassade aus. Ursprünglich wurde das dreigeschossige Gebäude 1911 als Hotel errichtet, seit 1920 dient es als Regierungsgebäude.

Gegenüber befindet sich das **Ministerium für Energie, Infrastruktur und Landesentwicklung.** Der neoklassizistische Bau von 1892 orientiert sich stark an seinem Nachbarn, der Staatskanzlei. Beide Gebäude sind über einen Gang verbunden. Im Volksmund auch „Beamtenlaufbahn" genannt. Die **Staatskanzlei** wurde 1825–1834 von Demmler errichtet.

Der hübsche Fachwerkbau gegenüber mit den grauen Fenstern, Walmdach und Gauben heißt **Altes Palais**. Dieses ursprüngliche Wohnhaus der herzoglichen Familie wurde Ende des 18. Jahrhunderts errichtet und grenzt an den **Alten Garten.** Die-

Die Schweriner Innenstadt lädt mit ihren Cafés und Läden zum Bummeln ein

ser kahle Platz liegt direkt zwischen Schloss und Altstadt – eingerahmt von repräsentativen Gebäuden kultureller und politischer Nutzung. Seit 1999 finden die Schlossfestspiele auf dem *Alten Garten* statt. Der imposante Historismus-Bau des **Mecklenburgischen Staatstheaters** wurde 1886 vom Architekten Georg Daniel im italienischen Hochrenaissancestil errichtet. Nach 1918 fanden im Konzertsaal und Foyer vorübergehend Sitzungen des Landtages statt. Heute erstrahlt die Fassade wieder in ihrem ursprünglichen Ockerton mit Schmuckelementen aus Terrakotta und Naturstein. 540 Zuschauer finden im Theatersaal Platz.

Ein weiteres Bauwerk in dieser kleinen Kulturmeile ist das **Staatliche Museum** aus dem Jahr 1882 mit der **Galerie Alte und Neue Meister.** Markantestes Element ist die riesige Freitreppe, die zum Portal hinaufführt. Gleich um die Ecke liegt der **Marstall.** Unweit vom Ufer des Schweriner Sees baute Demmler zwischen 1837 und 1842 im klassizistischen Stil die Reithalle mit Stall, Remise und Bedienstetenwohnungen. Das Gebäude wird vorrangig von Landesministerien genutzt.

Galerie Alte und Neue Meister

Schwerpunkt ist die niederländische Malerei des 17. und 18. Jahrhunderts sowie eine beeindruckende Sammlung von Werken Marcel Duchamps. Wechselausstellungen auf 1 500 m^2 in modernem Neubau.

Alter Garten 3 | Tel. (03 85) 58 84 72 22 | www.museum-schwerin.de | Apr.–Okt. Di–So 11–18 Uhr, Nov.–März Di–So 11–17 Uhr | Ständige Ausstellung 5,50 € / 4 €, mit Sonderausstellung 8,50 € / 6,50 €, Verbundtarife für mehrere Museen (8 auf einen Streich) 22 € / 18 €

★ Schloss

Das meistfotografierte Gebäude Schwerins liegt verträumt auf einer Insel zwischen dem **Schweriner See** und dem Burgsee: das **Schweriner Schloss** – eines der bedeutendsten Bauwerke des romantischen Historismus. Insgesamt 15 Türme, aufwendig verzierte Schornsteine, 100 Fialen (spitze Türmchen), Zinnen und Kuppeln sowie Erker, Säulen und Friese verleihen dem Schloss märchenhaften Charakter.

Die Mauern haben zahlreiche Architekten, Baumeister und Herrscher kommen und gehen sehen. 973 stand bereits eine slawische Burg auf dem morastigen Grund. Später bauten sich hier die Mecklenburger Herzöge ihre Residenz aus. Großflächige Erweiterungen fanden im 16. und 17. Jahrhundert statt. Aus dieser Zeit stammen die von der Seeseite gut sichtbaren Renaissancegebäude mit den Terrakottaplatten. Auftraggeber der letzten großen Umbaumaßnahmen im 19. Jahrhundert war Friedrich Franz II. Grund war die Rückverlegung des Hofstabs von Ludwigslust nach Schwerin, wo die Herzöge von 1764 bis 1835 regierten. Mit dem Umzug wurden großflächige Umbauten notwendig. Namhafte Architekten wie Demmler, F. A. Stüler, G. Semper und H. Willebrand bewiesen ihr Können. Inspiriert von französischen Renaissanceschlössern, besonders vom *Schloss Chambord* an der Loire, begann Demmler 1845 mit der Neugestaltung. Doch sechs Jahre später übernahm Stüler das Ruder. Auf ihn geht das fast 5 Meter hohe Reiterstandbild an der stadtseitigen Fassade zurück. Der in Gips gemeißelte Obotritenfürst Niklot ist der Stammvater der Herzöge von Mecklenburg. Hinter ihm erhebt sich eine monumentale goldene

Der Schlossgarten mit Skulpturen von Balthasar Permoser

Kuppel mit dem Erzengel Michael an der Spitze.

An der nordöstlichen Fassade ist ein Teil der **Schlosskirche** sichtbar: der natursandsteinfarbene Choranbau und der seitlich stehende, vergoldete Glockenturm mit einem Kreuz. Besonders hervorzuheben an dem 1563 geweihten Kirchenbau ist die im 19. Jahrhundert umgestaltete Decke. Nach den Plänen von Stüler wurde sie blau bemalt und mit 8 758 goldenen Sternen versehen.

Heutige Schlossherren sind der **Landtag** von Mecklenburg-Vorpommern und die **Staatlichen Museen Schwerin.** Die Abgeordneten des Landtags nutzen 450 der 650 Räume. Öffentlich zugänglich ist das **Schlossmuseum.** Es erstreckt sich auf drei Etagen und überbietet sich von Etage zu Etage in Prunk und Ausstattung. Im ersten Obergeschoss befindet sich eine Porzellangalerie mit wertvollen Stücken aus Meißen und Berlin. Darüber liegen die Wohn- und Gesellschaftsapartments der Belletage. Hochwertige Hölzer, Stoffe, Marmor und Stuck prangen an Wänden, Decken und Fußböden. Höhepunkt bilden die Prunksäle der Festetage mit Thronsaal und Ahnengalerie. Das Zentrum der Macht war pompös im Stil der niederländischen Renaissance ausgestattet. Viel Marmor und Gold blitzt von den Wänden. Das Intarsienparkett des Fußbodens ist ein Kunstwerk für sich. Die Ahnengalerie vereint Portraits aller mecklenburgischen Herzöge vom 14. bis zum 18. Jahrhundert.

Schlossmuseum Schwerin
Gemälde, Skulpturen und Kunsthandwerk in prachtvollen und reich verzierten Räumen des Schlosses. Auch Sonderführungen in Räumen des Landtages sind möglich.
Lennéstraße 1 | Tel. (03 85) 5 25 29 20 | www.mv-schloesser.de | 15. Apr.–14. Okt. Di–So 10–18 Uhr, 15. Okt.–14. Apr. Di–So 10–17 Uhr | 8,50 € / 6,50 € / Verbundtarife mehrere Museen

Burggarten & Schlossgarten

Das Schloss ist umgeben vom **Burggarten** mit der **Orangerie.** Semper, Demmler und der Meister der Gartenkunst Peter Joseph Lenné schufen eine terrassenförmige Anlage mit Wasserspielen, Skulpturen und einer begehbaren Grotte. Mittelpunkt bildet die Orangerie mit ihrer lichten Fassade aus Eisen und Glas. Ein idealer Ort für den Cafébetrieb im Sommer und für die Überwinterung exotischer Pflanzen in der kalten Jahreszeit.

Eine aus dem 19. Jahrhundert stammende Drehbrücke führt von der Schlossinsel in den 25 Hektar großen barocken **Schlossgarten,** den J. Legeay 1748–1757 gestaltete. Die symmetrische Anlage mit Kreuzkanal, gesäumt von Plastiken, Kaskaden und Reiterstandbild Friedrich Franz II. lässt sich am besten bei einem Spaziergang unter den Alleen erkunden. Richtung Lennéstraße und Schleifmühlenweg, wo die Wege nicht mehr symmetrisch, sondern verschlungen verlaufen, ist die Handschrift Lennés erkennbar. Mit dem Greenhouse-Garten im Stil des englischen Landschaftsparks und

Das Staatliche Museum mit seiner imposanten Freitreppe

dem Heckengarten verwirklichte er seine Ideale der Gartenkunst. In der entgegengesetzten Richtung im Burgsee befindet sich die **Schwimmende Wiese,** die im Zuge der Bundesgartenschau 2009 angelegt wurde. Von den Bänken ist der Blick frei auf die Stadt und den Dom. Auf dem Bertha-Klingberg-Platz erinnert eine Skulptur mit Gießkanne und Tulpen in der Hand an die gleichnamige Blumenfrau (1898–2005), die in Rehnaer Tracht jahrzehntelang Blumen auf dem Schlachtermarkt verkaufte.

Schelfstadt

Gleich nördlich der Innenstadt liegt die Schelfstadt mit ihrer historischen Bebauung. Besonders in der Münz- und Puschkinstraße stehen viele der typischen kleinen Fachwerkhäuser mit kleinen, kreativen Läden und schönen Cafés. Nach der Wende erfuhren die Häuser endlich die längst überfällige Renovierung.

Die Münzstraße endet am Ziegenmarkt mit bronzener Ziegenplastik aus den 1980er-Jahren. Die Kirchstraße führt zur **Schelfkirche** – eine barocke Backsteinkirche von 1713 mit Grabstätten der herzoglichen Familie. In der Puschkinstraße verdienen zwei Gebäude besondere Beachtung: das **Holsteinhaus** (Nummer 12) – ein Fachwerkbau mit einem alten Kern von 1737, das den Namen seinem Mäzen Schleswig-Holstein verdankt, mit dessen Geld es 1995 restauriert wurde. Heute ist das Haus ein beliebter Veranstaltungsort. Das **Neustädtische Palais** (Nummer 19) von 1779, das der herzoglichen Familie als Wohnsitz diente, ist heute Arbeitsstätte des Justizministeriums.

Die Körner- und Friedrichstraße führen direkt zum Pfaffenteich. An seiner östlichen Promenade flanieren bei Nachmittagssonne viele Spaziergänger. Hinter der Lindenallee stechen die stolzen Fassaden der Gründerzeithäuser hervor. Ein weiteres markantes Bauwerk ist das ehemalige **Elektrizitätswerk** am nordöstlichen Ufer des Sees. Es wirkt durch seine stark gegliederte Backsteinfassade mit den Türmchen und zahlreichen Fenstern wie ein kleines Schloss. Der Neorenaissance-Bau stammt von 1904 und wird heute als Spielstätte des Staatstheaters, der Puppen- und der Fritz-Reuter-Bühne genutzt.

Der Spieltordamm trennt den Pfaffenteich vom Ziegelsee und wurde Anfang des 19. Jahrhunderts fest angelegt. Wer von dort einen Blick zum **Nordufer des Ziegelsees** wirft, entdeckt eine relativ neue Uferbebauung. Vom einstigen Umschlaghafen ist nur noch ein Speicher von 1939 erhalten, der zu einem modernen, klimaneutralen Hotel umgebaut wurde. In seiner Nachbarschaft reihen sich um 2010 errichtete neue weiße Kastenhäuser mit Eigentums- und Mietwohnungen aneinander.

Von hier bietet es sich an, mit der **Petermännchen-Fähre** zu einer der Haltestellen am Pfaffenteich zu schippern. Ende des 19. Jahrhunderts wurde der Wunsch nach einer Fähre immer lauter, da die Bewohner schneller zum Bahnhof gelangen wollten. Alles begann mit einer Ruderfähre, die später durch Motorfähren und 1952 durch eine umgebaute Spreewaldfähre ersetzt wurde. Zum 100-jährigen Jubiläum erhielt sie den Namen Petermännchen-Fähre. Ihr Namensvetter ist der berühmte Schweriner Schlossgeist und die Fahrt vor allem für Kinder eine Attraktion.

Das Mittelschiff des Schweriner Doms

★ Dom

Die Geschichte des Doms beginnt 1171. Damals wurde das Bistum von Mecklenburg in die neu gegründete Stadt Schwerin verlegt – deshalb brauchte man eine große Kirche. Nach 77-jähriger Bauzeit wurde die Basilika 1248 geweiht. In der Zwischenzeit brachte Heinrich von Schwerin einen angeblichen Blutstropfen Christi aus dem Heiligen Land mit. Diese Reliquie machte aus der romanischen Basilika eine Wallfahrtskirche, die den immensen Pilgerströmen bald nicht mehr gewachsen war. 1270 fiel die Entscheidung zu einem kompletten Neubau, erst 1416 fanden die Bauarbeiten ein Ende. Das Resultat war ein stattlicher Dom mit einer Länge von 105 Metern und einer Gewölbehöhe des Mittelschiffs von 26,5 Metern.

Der Dom steht bis heute auf dem Schweriner Domhügel. Durch das südliche Portal betritt man die Kirche. An das nördliche Seitenschiff schließt der Kreuzgang an. Er diente den Domherren als Wohn- und Arbeitsstätte und ist über den Chor mit der Kirche verbunden.

Dominierend im Innenraum ist das Triumphkreuz in der Mitte. Es wurde 1420 gefertigt und hing ursprünglich in der gesprengten Wismarer Marienkirche. Die einzig erhaltenen Gegenstände aus dem Mittelalter sind das Taufbecken und der gotische Flügelaltar. Im Chor steht ein aus Holz gefertigter, neugotischer Kreuzigungsaltar mit einem Gemälde des leidenden Christus. Außerdem sehenswert sind die mittelalterlichen Grabplatten der zwei Bischöfe von Bülow und die 1871 geweihte Orgel von Friedrich Ladegast.

Am Dom 4 | Tel. (03 85) 56 50 14 |
www.dom-schwerin.de |
Mo–Sa 10–17 Uhr, So/Fei 12–16 Uhr, im Winter verkürzt (zu diesen Zeiten auch Turmbesteigung)

Verbindungen

Bahn

IC- und RE-Züge fahren im Wechsel etwa im Stundentakt nach Hamburg und in die Gegenrichtung nach Rostock/Stralsund.

Nach Berlin geht es alle zwei Stunden mit RE-Zügen. Stündlich fahren Züge über Bad Kleinen nach Wismar. Stündlicher Zugverkehr besteht auch nach Parchim.

Schwerin verfügt neben dem Hauptbahnhof über einen zweiten innerstädtischen Bahnhof, Schwerin Mitte. Letzterer liegt etwas näher am Stadtzentrum, allerdings halten hier nur Regionalzüge.

Straßenbahn & Bus

Vier Straßenbahnlinien (1–4) führen am westlichen Rand der Innenstadt entlang in die Vororte. Ergänzt durch Buslinien (5–20), die durch die Stadt bis ins Umland fahren. Zentrale Stationen sind Marienplatz und Hauptbahnhof.

www.nahverkehr-schwerin.de

Auto

Über die A 24, A 20 und A 14 sowie die B 106 und B 104 nach Schwerin.

Parken

Stadtnahe Parkplätze liegen außer am Hauptbahnhof vornehmlich im Osten: am Stadthafen, Altstadt, Klosterstraße. Die Preise liegen bei einem Euro pro Stunde, die Tagespauschale beträgt acht Euro.

Parkhäuser hingegen befinden sich vornehmlich im Westen: Stadthaus, Schweriner Höfe, Marienplatz Galerie, Am Schloss und Burgseegalerie. Die Preise sind ähnlich, pro Stunde ein bis zwei Euro und die Tagespauschale liegt zwischen 7,50 und 13 Euro.

Information

Tourist-Information

Information, Zimmervermittlung und Souvenirs.

Am Markt 14 | Tel. (03 85) 5 92 52 12 | www.schwerin.com |
Apr.–Okt. Mo–Fr 9–18, Sa/So 10–16 Uhr
Nov.–März Mo–Fr 10–17, Sa 10–14 Uhr

Schwerin-Ticket

Freie Fahrt im Nahverkehr, Ermäßigungen bei Eintritten, Stadtrundfahrten und -führungen – für aktive Urlauber durchaus lohnenswert. Erhältlich in der Tourist-Information.

1 Tag 5,50 € / Kinder bis 14 Jahre 3,50 €,
2 Tage 8 € / Kinder bis 14 Jahre 4,50 €

Schwerin Taxi

Schweriner Taxigenossenschaft e. V.

Tel. (03 85) 71 71 71 |
www.schweriner-taxigenossenschaft.de

Taxi Kurier Peters

Taxi- und Kurierfahrten jeglicher Art sowie Flughafenshuttle.

Tel. (01 72) 3 22 42 10 |
www.kurier-taxi-schwerin.de

Rikschafahrten

Verschiedene Rundtouren, Fahrten durch den Schlossgarten, aber auch zum Picknick oder durch das nächtliche Schwerin.

Bergstraße 69a | Tel. (01 76) 96 19 24 75 |
www.schwerintaxi.de

Übernachten

Hotel Speicher am Ziegelsee 1

Direkt am Ufer des Ziegelsees lädt der denkmalgeschützte Getreidespeicher von 1939 seine Gäste zu komfortablem Hotelurlaub ein. Allergikerfreundliche Zimmer, Fitness- und Wellnesseinrichtungen, Bio-Restaurant und Bootsanleger sind vorhanden. Lage nördlich der Schelfstadt, ca. 2 km zum Markt.

Speicherstraße 11 | Tel. (03 85) 5 00 30 | www.speicher-hotel.de | €€

Pension am Dom 2
Liebevolle Einrichtung, Zimmer unterschiedlicher Größe und Komfortklasse, zentrale Lage – ideal für einen Städtetrip.
Buschstraße 13 | Tel. (03 85) 5 50 70 24 | www.pension-am-dom-schwerin.de | €

Ferienwohnung Großer Moor 3
Die beiden mit viel Naturholz eingerichteten Wohnungen harmonieren mit dem denkmalgeschützten Haus.
Großer Moor 48 | Tel. (03 85) 5 57 13 74 | www.ferienwohnung-schwerin.eu | €

Jugendherberge
Zwischen Schlossgarten und Zippendorf in einem Waldstück direkt am Westufer des Schweriner Sees.
Waldschulweg 3 | Tel. (03 85) 3 26 00 06 | www.jh-schwerin.de

Essen & Trinken

Restaurant Café Prag 1
Traditionsreiches Restaurant-Café in einem prächtigen historischen Stadthaus, die Einrichtung erinnert an ein Wiener Kaffeehaus. Mittagsgerichte zu moderaten Preisen, Torten aus eigener Konditorei.
Schloßstraße 17 | Tel. (03 85) 56 59 09 | www.restaurant-cafe-prag.de

La Bouche 2
Französisches Flair im Design und auf dem Teller: Croque Monsieur zum Frühstück, frische Austern und Schnecken als Vorspeise, Boeuf Bourguignon als Hauptgang und eine Tarte zum Dessert treffen nicht nur den Geschmack von Frankreichliebhabern. Hohe Qualität und guter Service.
Buschstraße 9 | Tel. (03 85) 39 45 60 92 | www.bistrolabouche.de

Freydinger 3
Der stilvolle Bistro- und Feinkostladen verwöhnt mit gesundem Frühstück, leckerer Quiche, feinen Suppen und kleinen Köstlichkeiten. Die Draußenplätze haben Domblick.
Buschstraße 3 |
Mo–Fr 11–18, Sa 11–16 Uhr

Lukas 4
Heimische Fische, aber auch Spezialitäten wie Garnelen und Muscheln werden hier serviert.
Großer Moor 5 | Tel. (03 85) 56 59 35 | www.restaurant-lukas.de

Suppenstube 5
Suppen mit viel saisonalem Gemüse, sowohl vegetarisch als auch mit Fleisch. Rustikales Restaurant mit schönem Hinterhof zum Dom.
Schloßstraße 29 | Tel. (01 72) 3 82 50 38 | www.suppenstube.de |
Mo–Fr 10.30–16.30 Uhr

Miss Törtchen 6
Mutter und Tochter kreieren in ihrem bunten Café leckere Cupcakes und Torten.
Schusterstraße 8 |
Tel. (03 85) 39 37 87 35 | Mo geschl.

Ilka Eis 7
Handgemachtes Softeis mit täglich wechselnden Sorten, darunter Kreationen wie Heidelbeere mit weißer Schokolade oder Aprikose-Mandel.
2. Enge Straße 2 |
Tel. (03 85) 77 88 33 56 |
www.ilka-eis.de | Apr.–Okt. tgl. 11–18 Uhr

Rösterei Fuchs 8
Im Café duftet es aromatisch – kein Wunder, da hier frisch geröstet wird. Neben sortenreinen Kaffeespezialitäten gibt es eine Bistrokarte mit gerösteten Brotvariationen und Frühstück. Kostenloses WLAN.

Am Markt 4 | Tel. (03 85) 5 93 84 44 |
www.roesterei-fuchs.de |
Mo–Fr 9–20, Sa/So 9–18 Uhr

Café Rothe 9

Die Filiale in der Schelfstadt wirkt drinnen etwas altbacken, überzeugt aber mit der Qualität der Kuchen und Torten. An den wenigen Tischen draußen sitzt es sich wunderbar.

Puschkinstraße 14 | Tel. (03 85) 5 57 13 05 |
www.cafe-rothe.de

Ruderhaus

Das Restaurant liegt etwas abseits der Innenstadt und ist über einen schönen Spaziergang durch den Schlossgarten zu erreichen. Der Blick von der Terrasse auf das Schloss ist umwerfend. Die überschaubare Karte überzeugt durch sehr gute Qualität und Raffinesse der Fisch- und Fleischgerichte.

Franzosenweg 21 |
Tel. (03 85) 34 33 68 55 |
www.ruderhaus.info | Mo Ruhetag, Di–Fr ab 16, Sa ab 12, So ab 10.30 Uhr

Abends

Zum Freischütz

Uriges Lokal in der Schweriner Schelfstadt. Mittags wechselnde Tagesgerichte, abends überbackene Fladenbrote und Baguette, dazu gute Bier- und Alkoholauswahl. Moderate Preise, jüngeres Publikum.

Ziegenmarkt 11 | Tel. (03 85) 56 14 31 |
www.zum-freischuetz.de |
Mo–Fr ab 11, Sa/So ab 18 Uhr

Kabana Bar

Moderne Cocktailbar und Lounge. Zu essen gibt es Burger, Pasta und Salate.

Friedrichstraße 1 | Tel. (03 85) 5 93 68 99 |
www.kabana-bar.de | Tgl. ab 16 Uhr

Bolero

Große Auswahl an Cocktails und mexikanischer Küche, direkt am Pfaffenteich. Kostenloses WLAN.

Mecklenburgstraße 2 |
Tel. (03 85) 5 93 66 00 |
www.schwerin.bolerobar.de

Die Fußgängerzone in der Mecklenburgstraße trifft direkt auf den Pfaffenteich

Kunst & Kultur

Mecklenburgisches Staatstheater Schwerin
Musiktheater, Schauspiel (auch niederdeutsch), Ballett und Konzerte. Vorstellungen im *Großen Haus*, im *E-Werk* und in der Theaterprogrammkneipe *werk3*.
Alter Garten 2 | Tel. (03 85) 53 00-0 | www.theater-schwerin.de

Das Capitol
Das Kino zeigt neben aktuellen Filmen auch ein Unterhaltungsprogramm mit Konzerten und Comedy.
Wismarsche Straße 126 | Tel. (03 85) 5 91 80 18 | www.das-capitol.de

Kunstverein für Mecklenburg & Vorpommern in Schwerin
Wechselnde Ausstellungen nationaler Künstler.
Kunsthalle im E-Werk | Spieltordamm 5 | Tel. (03 85) 5 21 31 66 | www.kunstverein-schwerin.de | Di–So 15–18 Uhr

Einkaufen

Altstädtischer Markt & Schlachtermarkt
Regionale Produkte von Hofkäse bis zu Obst und Gemüse.
Mi 10–18 Uhr

Loza fina
Werkstatt und Verkaufsfläche von drei ausgebildeten Scheibentöpferern befinden sich hinter großen Schaufenstern mitten in der Altstadt. Sie fertigen zarte, helle Gebrauchskeramik.
Puschkinstraße 51–53 | Tel. (03 85) 20 23 41 22 | www.loza-fina.de

Aktivitäten

Schleswig-Holstein-Haus
Wechselnde Ausstellungen zu bildender Kunst, Kulturgeschichte und politischer Dokumentation. Außerdem Lesungen und Konzerte.
Puschkinstraße 12 | Tel. (03 85) 55 55-24 | Di–So 11–18 Uhr

Schleifmühle
In der einstigen Wassermühle aus dem 18. Jahrhundert wurden Natursteine bearbeitet, geschnitten und poliert. Die heutige Schaumühle zeigt das Verfahren.
Schleifmühlenweg 1 | Tel. (03 85) 56 27 51 | www.schleifmuehle-schwerin.de | Ostern–Nov. tgl. 10–18 Uhr, Nebensaison Mo–Fr 10–14 Uhr | 3 € / 2 €

Schiffsausflüge
Zwei verschiedene Touren bietet die *Weisse Flotte* an, auch Teilstrecken sind möglich. Anlegestellen sind Schloss, Speicher (Ziegelinnensee), Zippendorf und Insel Kaninchenwerder.
Werderstraße 140 | Tel. (03 85) 5 57 77-0 | www.weisseflotteschwerin.de | Apr.–Nov.

Stadtrundfahrten
Hop-on und hop-off mit dem roten Cabriobus an zehn Haltestellen. Kombination mit Tickets der *Weissen Flotte* (▶ Schiffsausflüge) möglich.
Werderstraße 140 | Tel. (03 85) 48 59 21 82 | www.schwerinerstadtrundfahrt.de

via Tipp **Vom Keller bis zur Kuppel**
Bei der Sonderführung im Schloss Schwerin gelangt man auch in sonst nicht öffentlich zugängliche Räume. Nach der Besichtigung von Landtag und Schlosskirche geht es über das Dach – mit herrlichen Blicken auf die Stadt. Spannende Geschichten würzen die Führung. Unbedingt über die Tourist-Information anmelden!
Am Markt 14 | Tel. (03 85) 5 92 52 12 | www.schwerin.com

Fünf Kilometer von der Innenstadt entfernt liegt der Strand Zippendorf

Kletterwald
Fünf Parcours unterschiedlicher Schwierigkeitsgrade verlaufen unter Baumkronen. Mit dabei sind Hängebrücken, Seilfahrten und Plattformen in bis zu 13 Metern Höhe.
An der Crivitzer Chaussee 15 |
Tel. (01 76) 32 19 73 26 |
www.schweriner-kletterwald.de |
Apr.–Okt. variable Öffnungszeiten |
20 € / 15 € von 7 bis 18 Jahren /
Familien 50 € / Kombiticket mit dem Zoo

Zoo
Artenreicher Zoo mit Braunbären, Giraffen, Tigern, Nashorn und Pinguinen auf dem idyllischen Gelände zwischen dem Schweriner See und dem Faulensee.
An der Crivitzer Chaussee 1 |
Tel. (03 85) 3 95 51-0 |
www.zoo-schwerin.de |
Apr.–Okt. Mo–Fr 9–18, Sa/So 9–19 Uhr,
Nov.–März verkürzt |
12,50 € / Kinder von 3–17 Jahren 6 € |
Tram: Linie 1 oder 2 bis Haltestelle Zoo

Feuerwehrmuseum Schwerin
Über 100 Feuerwehrfahrzeuge aus der Zeit von 1850 bis 1990 und weitere Exponate für den Löscheinsatz.
Hamburger Allee 68 |
Tel. (03 85) 20 27 15 39 |
www.ifm-schwerin.com |
Tram: Linie 1 oder 2 bis Haltestelle Leibnizstr. (neben dem Fernsehturm)

Strand Zippendorf
Am Südufer des Schweriner Sees befindet sich der öffentliche Strand mit echtem Ostseesand.
Tram: Linie 2 bis Stauffenbergstr., weiter mit Buslinie 6, Haltestelle Zippendorfer Eiche

Freilichtmuseum Schwerin-Mueß
Original erhaltenes Dorf mit historischen Hallenhäusern, Büdnerei, Schmiede und Schulgarten.
Alte Crivitzer Landstraße 13 |
Tel. (03 85) 20 84 10 | www.schwerin.de |
Mai–Sep. Di–So 10–18, Okt. 10–17 Uhr |
Tram: Linie 2 bis Stauffenbergstr., weiter mit Buslinie 6, Haltestelle Freilichtmuseum

Das Ostseeheilbad Boltenhagen ist ein idealer Ausgangspunkt für eine Radtour durch den Klützer Winkel ▸ Seite 122

Entdeckertouren

Tour 1: Radtour durch den Klützer Winkel

Tour im Überblick

Karte: ▸ Seite 128–129

Charakteristik: Radtour auf dem Ostseeküsten-Radweg und wenig befahrenen Landstraßen durch hügeliges Gelände

Start & Ziel: Boltenhagen West

Strecke: Boltenhagen – Steinbeck – Kleinklützhöved – Warnkenhagen – Elmenhorst – Klütz – Boltenhagen

Entfernung: ca. 30 km

Dauer: ca. 4 Stunden

Einkehrtipp: *Hofladen Steinbeck* (▸ Seite 85)

Auf dem geschichtsträchtigen Kolonnenweg oberhalb der Steilküste geht es auf und ab, grandiose Blicke garantiert. Der Rückweg verläuft durch kleine Ortschaften mit alten Gutshöfen.

Die Tour startet in **Boltenhagen West** und führt an der Küste entlang zum Ortsteil **Redewisch.** Dort folgt man der Dorfstraße und radelt rechts in den Haubenweg. Auf die Schilder vom **Ostseeküsten-Radweg** achten! Anfangs verläuft der Weg etwas von der Küste entfernt. Bald passiert man die **SwinGolf-Anlage** (▸ Seite 93). Der Radweg verläuft weiter durch Felder, biegt an zwei Kreuzungen rechts ab und führt Richtung **Steinbeck.** Bevor der Radweg rechts zum Strand runterführt, empfiehlt es sich, circa 1,5 Kilometer weiter geradeaus zu fahren. Dort befindet sich der **Hofladen Steinbeck,** wo es auch Kaffee und Kuchen gibt. Danach radelt man zurück und biegt Richtung Strand ab. Jetzt folgt der Weg immer der Küstenlinie gen Westen. Rechts ein schmaler Streifen Küstenwald oder Sanddorn-, Hagebutten- und Schlehenhecken, links unendliche Felder.

Nach etwa sieben Kilometern kommt der Abzweig links nach **Brook.** Wer noch einen Kilometer weiterfährt, erreicht das **Naturschutzgebiet Brooker Wald,** und zwei Kilometer dahinter liegt das **Schlossgut Groß Schwansee** (▸ Seite 99). Vom Ort Brook schlängelt sich die Landstraße mitten durch die Natur gen Osten zu den Dörfern **Warnkenhagen** und **Elmenhorst.** Dort fällt die frühgotische Kirche wegen ihres gedrehten Turmhelms besonders auf. Am Ortsausgang folgt man dem Abzweig nach rechts Richtung Klütz. Dazwischen liegt der Ort **Grundshagen** mit hübsch sanierten Backsteinhäusern um einen Dorfteich. Durch den Ort geht es bergauf nach **Klütz.** Oben angekommen, belohnt einen das wunderschöne Panorama auf den Kirchturm und die Mühle. Richtung Ort geht es bergab (▸ Seite 83). Dort fährt man Richtung Mühle, am Ortsschild **Niederklütz** vorbei und immer geradeaus. Über einen Feldweg erreicht man **Redewisch** und **Boltenhagen.**

Ostseeküsten-Radweg mit Aussicht bei Großklützhöved ▸

Tour 2: Durch den Lenorenwald und zum Schloss Kalkhorst

Tour im Überblick

Karte: ▸ Seite 128–129

Charakteristik: Radtour auf gut befahrbaren Feldwegen und kleinen Landstraßen mit leichten bis mittelschweren Anstiegen

Start & Ziel: Boltenhagen West

Strecke: Boltenhagen/Redewisch – Klütz – Arpshagen – Goldbeck – Kühlenstein – Lenorenwald – Kalkhorst – Rankendorf – Kühlenstein – Goldbeck – Stellshagen – Klütz – Boltenhagen

Entfernung: ca. 35 km

Dauer: ca. 5 Stunden

Einkehrtipp: *Gutshaus Stellshagen, Landhaus Klützer Eck* (beide ▸ Seite 85)

Bei der Radtour zur Gemeinde Kalkhorst steht die Natur im Vordergrund. Die Strecke verläuft über malerische Landstraßen, durch den Lenorenwald und über Feld- und Waldwege.

Von **Boltenhagen** erreicht man **Klütz** über den Fahrradweg neben der Klützer Landstraße oder über den Feldweg bei **Redewisch**.

In Klütz wählt man zunächst die nordwestliche Marktausfahrt – die Straße L01 – und radelt weiter geradeaus in die Rudolf-Breitscheid-Straße.

Hinter Klütz schließt gleich der Ort **Arpshagen** an. An der linken Seite befand sich eine **Burg.** Heute ist die Anlage noch anhand des Grabens zu erkennen. Eine Informationstafel berichtet über die Geschichte. Die kleine, verschlungene Landstraße steigt leicht, aber kontinuierlich an und führt zu den nächsten Orten **Goldbeck** und **Kühlenstein.** Kurz bevor die Straße eine Biegung macht und einige Häuser an der rechten Seite stehen, führt ein Kopfsteinpflasterweg in den **Lenorenwald** – ein herrlicher Mischwald mit vielen Buchen, Eichen und Tannen, der besonders im Herbst herrlich verfärbt ist.

An einer Waldkreuzung weisen Schilder den Weg nach Hohen Schönberg oder Kalkhorst. In **Hohen Schönberg** gibt es einen sehr ursprünglichen Hofladen (▸ Seite 99) und gleich daneben eine Aussichtsplattform vom 89 Meter hohen Berg mit Ostseeblick. Um von dort nach Kalkhorst zu gelangen, radelt man entweder die 2,5 Kilometer auf der Straße entlang. Oder man fährt zurück in den Wald bis zur Kreuzung.

Dort folgt man den Schildern nach **Kalkhorst.** An der nächsten Gabelung führt die Plattenstraße zum Ort Hohen Schönberg. Nach Kalkhorst geht es leicht links. Bald erscheinen hinter einer Lichtung einige Häuser. Dazwischen verläuft eine feste Straße, diese biegt man nach rechts (Westen) ab. An der linken Seite erscheint der im Stil eines englischen Landschaftsparks gestaltete Schlosspark vom **Schloss Kalkhorst** (▸ Seite 99). Über die Straße gelangt man direkt zum Ort, wo die **Kirche** einen Besuch lohnt (▸ Seite 98). Der Rückweg verläuft zuerst, wie auch der Hinweg, über die Heinrich-Schliemann-Straße, führt dann aber geradeaus weiter.

Der von Baumalleen gesäumte, etwas holprige Feldweg durchquert ein kleines Waldgebiet und trifft dann auf den Ort **Rankendorf.** Dort ist der sogenannte **Speckturm** eine Besonderheit. Er wurde 1856 erbaut und sieht fast wie eine Kirche aus, diente aber allen Dorfbewohnern als Räucherkammer. Heute befinden sich Wohnungen in dem Turm.

An der Kreuzung biegt man links in die Straße und fährt dann immer geradeaus bis **Goldbeck.** Hier bietet sich ein kleiner Abstecher nach rechts über **Stellshagen** an. Die vegetarische Bioküche des Gutshauses lockt nicht nur Gäste der Umgebung an. Der Weg dorthin führt durch eine herrliche mecklenburgische Feldlandschaft.

Anschließend verläuft er seitlich am Gutshaus vorbei, wieder durch Felder hindurch bis zu den Parkanlagen von **Schloss Bothmer** (▸ Seite 83). Nachdem das Ortszentrum von Klütz passiert ist, führt der parallel zur Landstraße verlaufende Fahrradweg direkt nach **Boltenhagen.**

Der Lenorenwald im Herbstkleid

Tour 3: Von Boltenhagen nach Grevesmühlen

Tour im Überblick

Karte: ▸ Seite 128–129

Charakteristik: Größere Fahrradtour auf befestigten Wegen und kleinen Landstraßen mit leichten Anstiegen

Start & Ziel: Boltenhagen

Strecke: Boltenhagen – Klütz – Damshagen – Steinzeitdorf Kussow – Grevesmühlen – Warnow – Bössow – Eulenkrug – Tarnewitz – Boltenhagen

Entfernung: ca. 40 km

Dauer: ca. 5 Stunden

Einkehrtipp: *Altes Feuerwehrhaus* in Damshagen

Die Radtour führt in die sympathische Kleinstadt Grevesmühlen. Interessierte können das Steinzeitdorf Kussow besichtigen.

Die Rundtour beginnt in **Boltenhagen West,** führt über den Radweg an der L03 nach **Klütz,** vorbei am **Schloss Bothmer** (▸ Seite 83) Richtung **Stellshagen** und weiter nach **Damshagen.** In dem Ort gibt es eine Backsteinkirche aus dem 14. Jahrhundert und ein Herrenhaus der Familie von Plessen. Für Verpflegung sorgt das vegetarische Bio-Bistro *Altes Feuerwehrhaus* mit Hofladen in der Klützer Straße 34. Am südlichen Ortsende, wo der Radweg endet, biegt man rechts ab. Ab jetzt geht es auf guten, kaum befahrenen Sträßchen über **Dorf Gutow** bis nach **Gostorf.** Auf dem Weg hat man Gelegenheit, einen Abstecher links zum **Steinzeitdorf Kussow** zu machen (▸ Seite 97). In Gostorf biegt man links ab und kommt über gut befahrbare Feldwege und vorbei am Vielbecker See nach **Grevesmühlen.** Über die Wismarsche Straße erreicht man das Zentrum der Stadt (▸ Seite 96).

Für die Rückfahrt fährt man die Wismarsche Straße Richtung Osten bis zur Santower Straße und biegt dort links ab. Sind Ploggensee und eine Gartensparte passiert, lohnt dahinter rechts der Abstecher zum 100 Meter hohen **Iserberg.** Das letzte Stück ist allerdings recht steil. Bei schönem Wetter wird man dafür von oben mit einem tollen Blick in die Landschaft und bis zur Ostsee belohnt.

Danach fährt man wieder bis zur Kreuzung zurück und folgt der Radroute bis nach **Warnow** und **Bössow.** Hier weisen Schilder auf kreuzende Kuhherden hin und tatsächlich liegen Bauernhof und Wiese links und rechts der Straße. Weiter geht es bis **Eulenkrug.** Hier muss man rechts abbiegen und ein kleines Stück auf der Landstraße fahren, um dann gleich wieder links abzubiegen. Über **Tarnewitz** erreicht man bald die Ostseeallee in **Boltenhagen.**

Tipp

1–2 Stunden für die Besichtigung von Grevesmühlen einplanen.

Holländer-Windmühle von 1878 in Grevesmühlen ▸

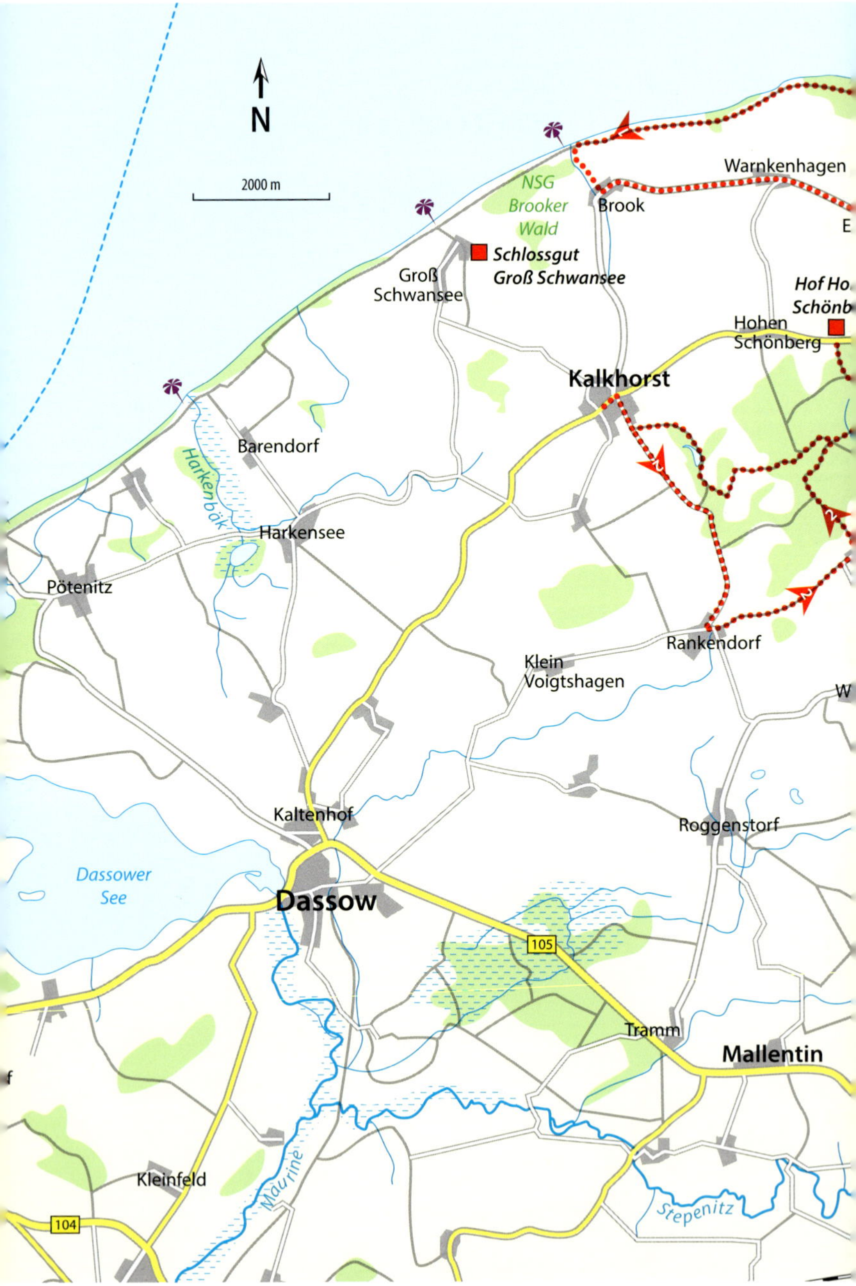
N
2000 m
NSG
Brooker
Wald
Brook
Warnkenhagen
Schlossgut
Groß Schwansee
Groß
Schwansee
Hof Ho
Schönb
Hohen
Schönberg
Kalkhorst
Barendorf
Harkenbäk
Harkensee
Pötenitz
Rankendorf
Klein
Voigtshagen
Kaltenhof
Roggenstorf
Dassower
See
Dassow
105
Tramm
Mallentin
Kleinfeld
104
Maurine
Stepenitz

Golf-
platz
Boltenhagen-
bucht
Touren 1, 2, 3 Start
Hofladen
Steinbeck
Grunds-
hagen
Ostseebad
Boltenhagen
Klützer Bach
Tarnewitz
Klütz
Arpshagen
Christinen-
feld
Schloss
Bothmer
Museumsbahn
Tarnewitzer Bach
Oberhof
Wohlenberger
Wiek
Stells-
hagen
Wohlen-
berg
Damshagen
Großenhof
Niendorf
Hohenkirchen
Dorf
Gutow
Thorstorf
Rolofshagen
Groß
Walmstorf
Steinzeitdorf
Kussow
Hoikendorf
Warnow
Santower See
Gostorf
Eversdorfer
Forst
Barendorf
Iserberg
Degtow
105
Grevesmühlen

Tour 4: Von Poel ins Salzhaff

Tour im Überblick

Karte: ▸ Seite 132–133

Charakteristik: Fahrradwege neben der Landstraße und befestigte Wege, leichte Anstiege

Start & Ziel: Kirchdorf

Strecke: Kirchdorf – Fährdorf – Stove – Boiensdorf – Pepelow – Rakow – Alt Bukow – Kirchdorf

Entfernung: ca. 40 km

Dauer: ca. 6 Stunden

Einkehrtipp: Stove Dorfmuseum (unbedingt den Hefekuchen probieren!)

Das Salzhaff ist wegen des flachen Wassers ein Paradies für Kitesurfer. Die Landschaft ist sanft hügelig, man durchquert beschauliche kleine Dörfer mit Backsteinkirchen.

Die Tour startet in **Kirchdorf** und folgt der Landstraße Richtung Wismar. Auf dem gut ausgebauten Fahrradweg passiert man bald **Fährdorf.** Hinter dem Ort eröffnet sich ein herrlicher Panoramablick auf die Silhouette von Wismar. Auf den vorgelagerten Salzwiesen grasen meistens Pferde und Wasservögel kreischen um die Wette.

Nachdem der Damm zum Festland zurückgelassen wurde, biegt man

Das Salzhaff mit Mühle und Kirche in Stove

vor einem einzeln stehenden Haus links in einen Weg ab.

Nach 500 Metern trifft man auf die Landstraße Richtung Pepelow. Parallel dazu, durch Raps- und Kornfelder, verläuft der Ostseeküsten-Radweg. Nach dem Ort **Blowatz** geht es weiter Richtung Norden ins zwei Kilometer entfernte **Stove.** Dort reckt eine Holländermühle von 1889 ihre Flügel in den Wind. Ihr Inneres ist noch mit komplett funktionstüchtiger Mühlentechnik ausgestattet und zu besichtigen. Zu bestimmten Anlässen findet sogar ein Schaumahlen statt. Schräg gegenüber liegt das Dorfmuseum mit einer alten Backstube, wo es Hefekuchen wie aus Großmutters Zeiten gibt. Unbedingt probieren!

Der weitere Weg führt über **Boiensdorf.** Hier lohnt ein Abstecher zum Boiensdorfer Werder mit Badestelle am Salzhaff. Weiter Richtung **Pepelow** passiert man den 54 Meter hohen **Scharberg** – die höchste Erhebung des Salzhaffs. Bei freiem Blick sieht man die bunten Schirme der Kitesurfer, die im nur knietiefen Wasser ideale Voraussetzungen finden. Weiter geht es nach **Rakow**.

Von dort führt der Weg über die kaum befahrene Landstraße nach **Questin** und **Alt Bukow**, wo man rechts Richtung **Niendorf** und Stove abbiegt. Ab **Stove** geht es wieder auf dem Fahrradweg zurück über **Blowatz** und **Fährdorf** nach **Kirchdorf**.

Tipp

Ausreichend Proviant für unterwegs mitnehmen. Bis auf die Backstube in Stove gibt es kaum Verpflegungsmöglichkeiten.

N
5 km
Ostsee
Langer
Gollwit
Insel Poel
Am Schwarzen Busch
Indoorspielplatz
Gedenkstätte „Cap Arcona“
Kaltenhof
Rethmoor
Vorwerk
Möhlenbarg
Oertzenhof
Kieckelberg
Kirchdorf
Neuhof
Tour 4 Start
Inselmuseum Findlingsgarten
Seedorf
Inselkirche
Festung Poel
Malchow
Niendorf
Timmendorf-Strand
Timmendorf
Wangern
Weitendorf
Niendorf Hof
Weitendorf Hof
Hinter Wangern
Fährdorf
Fährdorf Hof
Fauler See
Brandenhusen
Kirchsee
Breitling
Fährdorf Ausbau
Rustwerder
NSG
Köppenberg
Groß Strömdorf
Wismarbucht

Boiensdorfer Werder
Werder
Große Wiek
Boiensdorf
Pepelow
Rakow
Torfmoorberg
Questin
Blocksbarg
Bantow
Stove
Niendorf
Alt Bukow
Dreves-kirchen
Blowatz
Friedrichs-dorf
Vogel-sang
Heide-katen
Lischow
Tillyberg
Alt Farpen
Talsperre Farpen
Hagebök
Kanonenberg
105
Neuburg
Redentin
Krusenhagen
Steinhausen

Tour 5: Von Wismar nach Dorf Mecklenburg

Tour im Überblick

Karte: ▸ Seite 136

Charakteristik: Gut befahrbare Radroute durch teils leicht hügeliges Gelände, außerhalb Wismars überwiegend auf autofreien Wegen, Rückfahrt alternativ teils auf Radwegen entlang der Bundesstraße

Start & Ziel: Wismar

Strecke: Wismar – Dorf Mecklenburg – Rambow – Metelsdorf – Wismar

Entfernung: ca. 20 km

Dauer: ca. 3 Stunden

Start: Wismar Markt

Einkehrtipp: *Fischräucherei Gröningsgarten*, Mecklenburger Mühle

Die Hinfahrt führt über verschlungene Wege zum Dorf Mecklenburg, wo das Agrarmuseum und die Ausstellung zum Wallensteingraben einen Besuch lohnen. In der Mühle lässt es sich gut speisen.

Die Tour startet in **Wismar** am **Markt** und führt in südlicher Richtung über die Mecklenburger Straße bis zum Ring. Dort wird rechts und gleich wieder links in die Schweriner Straße gefahren, um kurz darauf noch einmal links in den Klußer Damm abzubiegen. Ab hier kann man auf die Schilder des **Elbe-Ostsee-Radwegs** achten, der über Hochen Viecheln und Bad Kleinen bis nach Schwerin führt.

Nachdem die **Wismarer Vorstadt** zügig passiert ist, folgt man dem Fahrradweg durch eine Gartensparte und ein Teichgebiet, wo sich die **Fischräucherei Gröningsgarten** befindet.

Anschließend verläuft der von Bäumen und Hecken gesäumte Weg über Felder parallel zur Bahnstrecke in südlicher Richtung. Beim Blick zurück sieht man den Kirchturm der Marienkirche. Bevor man die Autobahn überquert, fährt man circa 200 Meter über eine alte Kopfsteinpflasterstraße. Hinter der Autobahnbrücke hält man sich links und folgt dem einsamen Weg durch die malerische Hügellandschaft.

In **Dorf Mecklenburg** geht es parallel zu den Bahnschienen weiter bis zum Bahnhof. Dort verlässt man den Fahrradweg und biegt rechts in die Bahnhofstraße. Vor der Kirche empfiehlt sich ein Abstecher nach links in die Straße Am Burgwall. An ihrem Ende liegt die ehemalige **Slawenburg Mecklenburg**, die Namensgeber des Ortes und Bundeslandes wurde. Geblieben ist der Ringwall, in dem im 19. Jahrhundert ein Friedhof angelegt wurde. Wieder zurück an der Kirche aus dem 14. Jahrhundert, lohnt ein Blick auf die alte Pfarrscheune von 1701.

Danach geht es weiter die Bahnhofstraße entlang, über die Ampelkreuzung in die Rambower Straße. An der linken Seite befindet sich das **Agrarmuseum** mit landwirtschaftlichen Ausstellungsstücken (Apr.–Okt. tgl. 10–16, Nov.–März. Mo–Fr 10–16 Uhr). Über einen Weg gelangt man runter zum **Wallensteingraben**.

In der Holländermühle in Dorf Mecklenburg befindet sich ein Restaurant

Die Fachwerkscheune daneben informiert mit einer Ausstellung über seine Geschichte.

Weitere Attraktion des Ortes ist die **Holländermühle** mit Restaurant, die man über die Schweriner Straße Richtung Wismar erreicht.

Die Route führt anschließend weiter auf dem Fahrradweg bis zum Ort **Rambow.** In der Ortsmitte biegt ein Plattenweg rechts nach **Metelsdorf** ab. Die leicht hügelige Strecke führt immer geradeaus durch Felder hindurch. An der Straßenkreuzung der nächsten Ortschaft biegt man nach links ab und folgt der Hauptstraße mit dem parallel verlaufenden Fahrradweg bis Wismar.

Alternativ könnte man auch wieder direkt von Dorf Mecklenburg den Fahrradweg über **Kluß** zurück nach **Wismar** nehmen.

Tipp

Verlängerung der Tour nach Hohen Viecheln, Bad Kleinen (18 km ab Wismar) und Schwerin (32 km ab Wismar (Tour 6 ▸ Seite 138)) möglich. Rückfahrt nach Wismar auch mit dem Zug möglich ab Dorf Mecklenburg, Bad Kleinen oder Schwerin. (Fahrradkarten kosten im Nahverkehr unabhängig von der Strecke 5,50 € und sind für einen Tag gültig.)

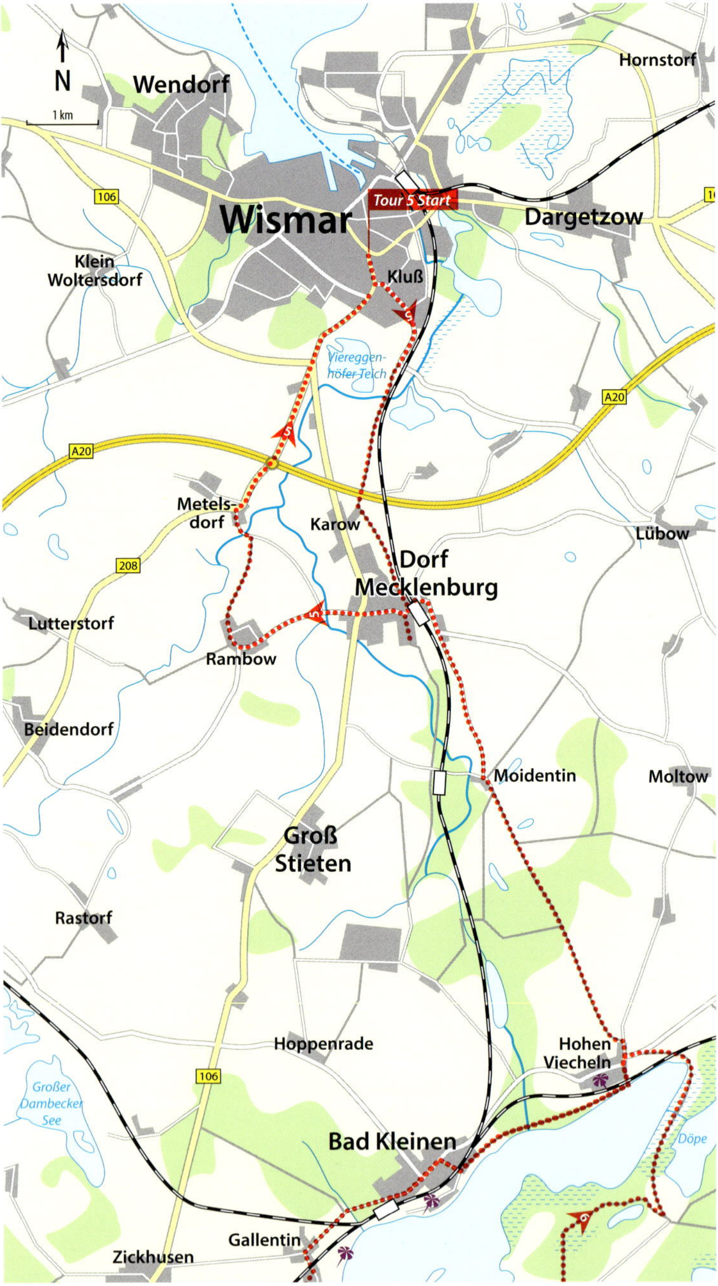

N
1 km
Wendorf
Hornstorf
Wismar
Tour 5 Start
Dargetzow
106
Klein Woltersdorf
Kluß
Vieregen-höfer Teich
A20
A20
Metels-dorf
Karow
Lübow
208
Dorf Mecklenburg
Lutterstorf
Rambow
Beidendorf
Moidentin
Moltow
Groß Stieten
Rastorf
Hoppenrade
Hohen Viecheln
106
Großer Dambecker See
Döpe
Bad Kleinen
Gallentin
Zickhusen

Hoppenrade
Hohen Viecheln
Großer Dambecker See
106
Bad Kleinen
Döpe
Gallentin
Zickhusen
Flessenow
Schloss Wiligrad
Neu Schlagsdorf
Lübstorf
Retgen-dorf
Liessow
Schweriner See
A14
106
Cambs
104
Kleefeld
Seehof
Rampe
Wicken-dorf
Zittow
104
Carlshöhe
Klein Medewege
Cambser See
Groß Medewege
Leezen
Langen Brütz
104
Ziegel-see
Schelf-werder
Sachsen-berg
104
Tour 6 Start
Schweriner See
Schwerin
Kaninchen-werder
Ziegel-werder
Godern
A14
Ostorfer See
Pinnower See
106
321
Raben Steinfeld
Pinnow
N
1 km
Zippendorf
106

Tour 6: Rund um den Schweriner Außensee

Tour im Überblick

Karte: ▸ Seite 137

Charakteristik: Große Radtour auf Fahrradwegen sowie einfachen Waldwegen

Start & Ziel: Schwerin, Werderstraße

Strecke: Schwerin – Rampe – Flessenow – Hohen Viecheln – Bad Kleinen – Gallentin – Schloss Wiligrad – Lübstorf – Schwerin

Entfernung: ca. 45 km

Dauer: ca. 5–6 Stunden

Einkehrtipps: *Fischerhof Prignitz*, Gartencafé in Schloss Wiligrad

Die Radtour führt durch eine vielfältige Landschaft mit Seen, Naturschutzgebieten, Wäldern und Feldern. Höhepunkt ist das idyllisch gelegene Schloss Wiligrad am Westufer des Sees.

Über die **Werderstraße** in **Schwerin** geht es nach Norden Richtung **Rampe.** Der Radweg verläuft zunächst direkt neben der Bundesstraße. Wald säumt den Weg, anschließend der Lange Graben, und das letzte Stück fährt man über den schmalen Damm, der den Schweriner Außen- vom Innensee trennt.

Am Ortseingang Rampe verlässt man die Straße und biegt links in einen asphaltierten Weg ab. Der schlängelt sich mit der Uferlinie durch die Landschaft und führt an einigen idyllischen Badestellen vorbei. Weiter geht es über einen Zeltplatz und nach weiteren 2,5 Kilometern wird **Flessenow** erreicht.

Ab hier bis Schwerin verläuft die Strecke auf dem **Hamburg-Rügen-Radweg,** an dessen Schildern man sich gut orientieren kann. In Flessenow gibt es zwei Restaurants: eines rechts im Hotel *Seewisch*, das andere links im Ferienpark.

In einer Kurve hinter dem Ortseingang folgt man dem Feldweg durch das leicht hügelige Gelände Richtung Wald und durchquert diesen auf dem nicht asphaltierten, aber gut befahrbaren Hauptweg. Nach circa einem Kilometer kommt rechts ein schöner Waldsee. Der Fahrradweg biegt an der Kreuzung links ab und führt durch das **Naturschutzgebiet Döpe** bis nach **Hohen Viecheln.** Von der Hauptstraße biegt der Radweg in den Fischerweg zum See hinunter ab. Ein Zwischenstopp beim **Fischerhof Prignitz** mit Fisch direkt aus dem See lohnt.

Der Uferweg führt an hübschen, reetgedeckten Bootshäusern vorbei, durch Wald und Wiesen sowie über den Wallensteingraben, teils mit nicht unerheblichen Anstiegen. In **Bad Kleinen** verlässt der Fahrradweg das Ufer, führt über die Bahnschienen und biegt links in die Hauptstraße. Der Ort ist relativ unspektakulär. Für die Verpflegung gibt es Netto, Edeka und unten bei der Marina das Restaurant *Seeblick*.

In **Gallentin** biegt man in der Mitte des Ortes links in die Alte Dorfstraße ab, fährt über die Bahnschienen und biegt in die nächste Straße rechts ein. Sofern die letzten Häuser passiert sind, führt der Radweg über ein Feld und anschließend durch einen Wald. Der Weg ist ab jetzt asphaltiert.

Nächstes Ziel ist das **Neorenaissance-Schloss Wiligrad** von 1898. In den Innenräumen stellt der *Kunstverein Wiligrad e. V.* Arbeiten aus (Mai–Sep. Di–Sa 10–18, So/Fei 11–18 Uhr, Okt.–Apr. jeweils bis 17 Uhr, 3,50 €). Um das Schloss herum befindet sich ein Skulpturenpark, außerdem ist von der erhöhten Lage der Blick auf die Mini-Insel Rethberg und den See fantastisch. Auf keinen Fall sollte ein Besuch der Schlossgärtnerei und des Hofladens fehlen. In den ehemaligen Gewächshäusern wird Kaffee und selbst gebackener Kuchen serviert (März–Okt. tgl. 10–18 Uhr, Nov.–Feb. Mi–So 10–18 Uhr).

Von dort geht es weiter Richtung **Lübstorf.** An der Kreuzung biegt man links gen Süden ab und fährt durch den Ort. Der Fahrradweg verläuft jetzt parallel zur Straße, ist aber stellenweise sehr schön, da er durch dichte Hecken geschützt ist. An der linken Seite begleitet einen, etwas entfernt, der Schweriner See.

Knapp 500 Meter hinter dem Ort **Carlshöhe** kann man in die Wiesen laufen, um von dort den Blick über den tiefer liegenden **Ziegelsee** Richtung Schwerin zu genießen – ein idyllisches Bild. Der Fahrradweg verläuft anschließend am Ufer des Ziegelsees weiter bis nach **Schwerin.**

Tipp

Die Tour ist sehr gut mit Tour 5 (▸ Seite 134) in Richtung Dorf Mecklenburg und Wismar kombinierbar. Ab Bad Kleinen oder Lübstorf kann die Tour auch per Zug abgekürzt werden.

Schloss Wiligrad am Schweriner See

Kartenregister

Umgebungspläne

Ortspläne

Tourenkarten

Kartensymbole

- Tourist-Information
- Top-Highlight
- Sehenswürdigkeit
- Strand
- Aussichtspunkt
- Parkplatz
- Haltestelle
- Leuchtturm
- Hafen

Die Karos mit Ziffern im Kapitel *Orte & Landschaften* markieren die Lage von Hotels / Pensionen / FeWos 1 und Restaurants / Cafés 1 in den Ortsplänen der jeweiligen Orte.

Die Autoren

Christin Drühl, Jahrgang 1980, ist an der Ostsee aufgewachsen. Heute lebt die Autorin an der Mecklenburgischen Seenplatte. Besonderen Charme haben für sie Wismar und die wilde Steilküste des Klützer Winkels.

Robert Tremmel, Jahrgang 1979, ist freier Reisejournalist. Seit seiner Kindheit ist er der Ostseeküste treu geblieben, studierte in Greifswald und schrieb zahlreiche Reportagen sowie Reisebücher über die Region.

Liebe Leserinnen und Leser,

alle Angaben in diesem Reiseführer sind gewissenhaft geprüft. Trotz gründlicher Recherche unserer Autoren/-innen können sich manchmal Fehler einschleichen. Wir bitten um Verständnis, dass der Verlag dafür keine Haftung übernehmen kann.

Über Hinweise, Berichtigungen und Ergänzungsvorschläge freuen wir uns jederzeit:

via reise verlag
Lehderstraße 16–19
13086 Berlin
E-mail: post@viareise.de
www.viareise.de

4. Auflage, Berlin 2019

ISBN 978-3-945983-65-2

Text & Recherche
Christin Drühl und Robert Tremmel

Redaktion
Kristina Becker

Layout & Gestaltung
Annelie Krupicka

Kartografie
Annelie Krupicka

Druck
Ruksaldruck, Berlin

FSC www.fsc.org MIX Papier aus verantwortungsvollen Quellen FSC® C104247

Fotos
Christin Drühl, außer:
ArTo/Fotolia 17; Axel Heuting/Pixelio 51; devteev/Fotolia 103; Fineart Panorama/Fotolia 12/13; gemeinfrei 21, 22, 49, 105; Henry Czauderna/Fotolia 3 u., 120/121; holger.l.berlin/Fotolia 2o., 6/7; Imaginis/Fotolia 3 o., 44/45; Johannsen, Janina 5, 72; mahey/Fotolia 68; pure-life-pictures/Fotolia 80, 84; Ralf Gosch/Fotolia 66; Scheddel, Klaus 82, 91, 111, 112; schlossgut gross schwansee 98

Umschlag vorn
Am Alten Hafen in Wismar (pure-life-pictures/Fotolia)

Umschlagklappe vorn
Steilküste im Klützer Winkel (Christin Drühl)

Umschlag hinten
Blick von der Seebrücke auf den Strand von Boltenhagen (Christin Drühl)

Erhältlich im Buchhandel oder im Internet unter

www.viareise.de